公共施設等運営権

特定非営利活動法人日本PFI・PPP協会 理事長
植田和男
東京丸の内法律事務所 弁護士
内藤　滋
［編著］

六角麻由
増田智彦
木田翔一郎
［著］

一般社団法人**金融財政事情研究会**

はしがき

　公共施設等運営権制度（以下「運営権制度」という）がなぜ誕生したのかを知ることは、この制度を学び、活用しようとする団体にとってきわめて重要である。それは、その特異性、現時点で運営権制度に与えられている役割および制度としての限界を知ることの重要性である。と同時にさらに重要なことは、これからの日本、すなわち、少子高齢化、急速な人口減少、大規模な公共施設・インフラの更新期の到来、そして深刻化する国の財政構造の悪化等、未体験の環境における日本において、わが国の公共部門の行財政改革に果たす役割はきわめて大きいとの期待もある。そのためには、現行の運営権制度の役割および制度をどのように改善すべきかも問われている。

　運営権制度は、関西国際空港運営事業のために創設された制度であるといっても過言ではない。まず事業の規模をみていただきたい。運営権対価（詳細は後述）の予定価格は、2.2兆円である。巨額の資金調達を可能とするためにきわめて大がかりで複雑なファイナンス・スキームを実現するためのみなし物権等の制度設計。そして空港運営事業である。関西国際空港運営事業を実現し、成功させるためにつくられた制度であるならば、おのずと制度として汎用性に限界があることは当然である。この事業の実施プロセスにおける準備段階、可能性調査、事業者選定プロセスにおいて必要な陣容に係る費用、さまざまな外部発注費用は、入札参加者の入札準備費用も加えれば数億円単位になることは間違いない。

　空港運営事業であること。事業規模が巨大であること。精緻に構築されたファイナンス・スキームを必要としていること。準備費用等の負担が大きいこと。この4点だけでも、運営権制度がいかに特異なものであり、その活用に限界があることを理解いただけると思う。では、なぜ運営権制度が誕生したのか。それは日本の財政がこのままではたちゆかなくなってしまうからである。関西国際空港運営事業における運営権対価の設定に財務省が大きくか

かわっていることは衆知の事実である。国は短期借入金を含めれば、すでに1,000兆円を超える借入れと毎年の国家予算においても40兆円前後の国債による歳入がないと予算が組めない状況にある。新関西国際空港会社が国から借りている1兆2,000億円の返済を可能にするスキームとして運営権制度が選ばれ、創設されたのである。

　国はPFI法の改正によって運営権制度を創設するとともに基本方針において公物管理法に基づく他の公共サービス分野も含め、料金収入のある公共サービスに運営権制度に活用が可能であることを制度的に容認した。

　これからの日本、特にきわめてむずかしい財政運営に直面する公共分野において求められていることは、歳出の縮減と歳入の拡大である。運営権制度導入の最大のメリットは、民間企業の経営ノウハウ等の活用により、料金収入の拡大および維持管理運営費用の縮減を実現できることである。そうであるならば、すべての料金収入がある公共サービスに活用されることが検討されるべきである。しかしながら、運営権制度創設の経緯からみてもそれは容易なことではない。関西国際空港運営事業で使う事業スキーム、事業者選定プロセス等をそのまま使えるはずはないのである。それぞれの事業に最も適した運営権制度活用のためにさまざまな工夫、解釈が求められるのである。その最初の事例が国立女性教育会館事業である。本編で詳述されるが、関西国際空港とまったく異なる事業スキームで推進されている。事業スキームの特徴は、運営権制度を広範な公共サービス分野に、そして異なる事業規模、事業収支構造等においても活用できる事業スキームであることである。

　運営権制度は、PFI法の改正において創設された制度であり、法においてその定義あるいはその運用等詳細な規定がなされている。基本方針は、制度の運用等における原則・留意点を述べている。ガイドラインにおいては実務上考えられる留意点が記述されているが、今後具体的案件の経験をもって変更可能としている。参考までに、運営権制度は、コンセッション、コンセッション制度として説明される場合がある。

　いずれにしても、運営権制度は、従前のPFI制度や指定管理者制度を改善

強化したものである。具体的には、みなし物権制度、登録制度の導入、利用料金の決定権（届出制）、運営権取消の場合の補償等々の工夫により、非常に使い勝手のよい制度となっている。これに加えて、適切なスキームの活用、すなわち、後に詳述する分離一体型スキームや指定管理者制度との組合せ等を行うことにより、いかなる公共施設等の維持管理運営にも活用できる可能性をもっている。

　本書では、かかる分離一体型スキーム等の新たな手法を提言し、多くの自治体により運営権制度を広く活用していただくことを期待するものである。

　本書の構成であるが、まず第１章では、運営権の意義・役割と活用方法について述べている。特に第２節６では分離一体型スキームを提言している。

　第２章では、運営権に関する法令やガイドラインの解説を行っている。特に、自治体において広く運営権が活用されるためにどのような解釈運用を行うことが妥当であるかについて検討している。また、第７節では実務上の実際の登録例を紹介しつつ適切な登録手続についての解説を行っている。

　第３章では、内外で実際に公表されている運営権実施契約案の例を紹介しつつ、運営権制度を運用するにあたって特徴的なリスクとその分担についての考え方等について検討を加えている。

　第４章では、内外のいくつかの運営権制度の活用事例、すなわち国立女性教育会館（ヌエック）、仙台空港、関西国際空港、シカゴ・スカイウェイ・トール・ブリッジという４つの事例を取り上げ、各事例の特色について説明を加えている。なかでも第２節のヌエックの事例では、分離一体型スキームがわが国で初めて採用されており、今後の自治体での検討の参考になることを期待している。

　第５章では、従来のPFIにおいて破綻した事例を分析し、運営権制度においてプロジェクト・ファイナンスを導入する場合の留意点について検討している。

　また、第６章では第三セクター等の事業再生のために運営権制度を活用することを提言している。

本書が運営権制度を検討される多くの方の参考となり、わが国において広く、適切な運営権事業が実施されれば、幸いである。

　本書の出版にあたっては、一般社団法人金融財政事情研究会出版部のみなさんに大変なご尽力をいただいた。紙上をお借りして深くお礼申し上げる。

　平成27年9月

日本PFI・PPP協会

理事長　**植田　和男**

東京丸の内法律事務所

弁護士　**内藤　滋**

■編著者略歴

植田　和男（うえだ　かずお）
特定非営利活動法人 日本PFI・PPP協会　理事長
〈主な経歴〉
　明治大学商学部卒業。昭和46～平成元年伊藤忠商事株式会社、平成２～６年モルガン・グレンフェル・ジャパン 国際部 部長、平成７～11年青山監査法人プライス ウォーター ハウス（プロジェクト・ファイナンス部門統括 シニアディレクター）、平成11年特定非営利活動法人 日本PFI協会 設立、平成22年～特定非営利活動法人 日本PFI・PPP協会 理事長。日本PFI・PPP協会設立以来、現在まで約500回を超える講演会で４万6,000人以上の方々にPFIの啓発活動を行ってきた。
〈主な執筆〉
『PFIの資金調達』（相模書房）共著、『PFIで施設ができた』（相模書房）企画・監修、『PFI事業の実践マニュアル』（綜合ユニコム）共著
〈執筆担当箇所〉
はしがき、第１章

内藤　滋（ないとう　しげる）
東京丸の内法律事務所 弁護士
〈主な経歴〉
　平成６年早稲田大学法学部卒業。平成10年４月弁護士登録、第二東京弁護士会所属。多くの案件でPFI事業において、官側（国、地方公共団体）、民間事業者側、金融機関側の法律アドバイザーを務める。複数の公共施設等運営権事業案件にも法律アドバイザーとして関与している。このほか、事業再生・倒産案件にも多く携わり、民事再生手続における監督委員、会社更生手続における管財人代理、破産管財人等を務めるほか、事業再生ADR手続における手続実施者を務める。
〈主な論文〉
『PFIの法務と実務 第２版』（金融財政事情研究会）、「PFIに伴う公有土地貸借契約上の諸問題と課題」（銀行法務21・622号）、「民事再生手続から会社更生手続への移行に伴ういくつかの問題」（銀行法務21・628号）、「最近の会社更生計画案における弁済額の動向」（金融法務事情1712号）、「事業再生ADRから会社更生への

手続移行に際しての問題点と課題(1)～(3)―日本航空、ウィルコム、林原の事案を参考にして」(NBL953～955号)、「ウィルコムの会社更生手続―管財人団の立場から」(事業再生と債権管理136号)
〈執筆担当箇所〉
第2章、第3章、第4章第1節・第2節、第5章、第6章

■著者略歴

六角　麻由（ろっかく　まゆ）
東京丸の内法律事務所　弁護士
〈主な経歴〉
　平成19年一橋大学法学部卒業。平成21年9月弁護士登録。第二東京弁護士会所属。PFI事業における地方公共団体側、民間事業者側双方の法律アドバイザー業務のほか、破産手続における破産管財人、企業が有する債権の回収業務等の案件も多数手がける。
〈執筆担当箇所〉
第4章第4節

増田　智彦（ますだ　ともひこ）
東京丸の内法律事務所　弁護士
〈主な経歴〉
　平成14年慶應義塾大学法学部卒業。平成14～18年麒麟麦酒株式会社法務部勤務。平成20年一橋大学法科大学院修了。平成22年弁護士登録、第二東京弁護士会所属。PFI事業において、地方公共団体側、民間事業者側の法律アドバイザーを務める。このほか、事業再生・倒産案件にも多く携わり、民事再生手続、破産手続等における申立代理人、破産管財人等を務めるほか、事業再生ADR手続における手続実施者補佐人を務める。
〈主な論文〉
「著作権早わかり講座第18回　M&Aと著作権」(会社法務A2Z・2013年7月号)ほか
〈執筆担当箇所〉
第4章第3節

木田　翔一郎（きだ　しょういちろう）
東京丸の内法律事務所　弁護士
〈主な経歴〉
　平成20年東京大学法学部第１類卒業。平成22年東京大学法科大学院修了。平成23年12月弁護士登録、第二東京弁護士会所属。PFI事業において地方公共団体側、民間事業者側の法律アドバイザーを務める。複数の公共施設等運営権事業案件にも法律アドバイザーとして関与している。
〈主な論文〉
「著作権早わかり講座第８回　ウェブサイトのテキストを無断使用された」（会社法務A2Z・2012年９月号）、「著作権早わかり講座第15回　海外のキャラクターを利用したい　その１」（会社法務A2Z・2013年４月号）、「著作権早わかり講座第16回　海外のキャラクターを利用したい　その２」（会社法務A2Z・2013年５月号）、「著作権早わかり講座最終回　コンピュータ創作物とは」（会社法務A2Z・2014年１月号）
〈執筆担当箇所〉
第３章、第４章第５節

凡　例

■主な資料

基本方針	「民間資金等の活用による公共施設等の整備に関する事業の実施に関する基本方針の変更について」（平成25年9月20日閣議決定）
ガイドライン	「公共施設等運営権及び公共施設等運営事業に関するガイドライン」（PFI推進室HP）
研究報告書	「地方公共団体における公共施設等運営権制度導入手続調査研究報告書」（総務省HP）
会計処理研究報告	「公共施設等運営権に係る会計処理方法に関するPT研究報告（中間とりまとめ）」（PFI推進室HP）
下水道ガイドライン	平成26年3月国土交通省水管理・国土保全局下水道部「下水道事業における公共施設等運営権事業等の実施に関するガイドライン（案）」（国土交通省HP）
仙台空港運営権実施契約案	「仙台空港特定運営事業等公共施設等運営権実施契約書（案）〔平成26年10月22日修正版〕」（国土交通省HP）
ヌエック運営権実施契約案	「(仮称)国立女性教育会館公共施設等運営事業及び施設・設備長期維持管理業務委託　公共施設等運営権実施契約書（案）」（国立女性教育会館HP）
浜松市下水道終末処理場実施方針素案	平成27年6月1日浜松市上下水道部「浜松市公共下水道終末処理場（西遠処理区）運営事業　実施方針素案」（浜松市HP）
大阪市水道事業実施方針	大阪市水道局「大阪市水道特定運営事業等実施方針（案）」（大阪市HP）

■主な引用文献

我妻・有泉	我妻榮・有泉亨ほか『我妻・有泉コンメンタール民法―総則・物権・債権―〔第2版追補版〕』
倉野・宮沢	倉野康行・宮沢正知「改正PFI法の概要(1)～(7)完」金融法務事情1925号～1932号

小早川・宇賀	小早川光郎・宇賀克也編『行政法の発展と変革［上巻］』
法務と実務	内藤滋＝幸田浩明『PFIの法務と実務［第2版］』

■**主な主要法令**

PFI法	民間資金等の活用による公共施設等の整備等の促進に関する法律（平成11年7月30日法律第117号・最終改正平成26年6月27日法律第91号）

目　次

第1章　公共施設等運営権の意義・役割とその活用

第1節　PFI事業の意義・役割と公共施設等運営権の意義・役割 …………… 2
1　PFI事業の意義・役割 ………………………………………………… 2
2　公共施設等運営権の意義・役割 ……………………………………… 4

第2節　公共施設等運営権の活用 ………………………………………………… 6
1　利用料金収入を増やすための手法 …………………………………… 6
2　運営権制度の対象事業 ………………………………………………… 7
3　運営権制度と運営のプロフェッショナル …………………………… 7
4　柔軟な制度の運用 ……………………………………………………… 8
5　公共施設等運営事業に係る特徴的リスク …………………………… 8
6　独立採算型・混合型・分離一体型 …………………………………… 9
7　公共施設等運営権制度と指定管理者制度の併用 ………………… 14
8　ガイドラインにおける「留意事項」と実務的課題 ……………… 14

第2章　公共施設等運営権に関する法令・ガイドライン等の解説

第1節　公共施設等運営権に関する法令・ガイドライン等 ……………… 18
第2節　公共施設等運営権の要件 ……………………………………………… 20
1　要件の整理 …………………………………………………………… 20
2　対象が「公共施設等」であること …………………………………… 21
3　「運営等」の意義 ……………………………………………………… 24
4　利用料金を収受するものであること ………………………………… 32
5　公物管理法との関係 …………………………………………………… 34

第3節　地方自治体における運営権制度活用時の留意点 …………… 41
　1　指定管理者制度と運営権制度の異同 ……………………… 41
　2　指定管理者の指定の要否 …………………………………… 44
　3　指定管理者制度と運営権制度を併用する場合の条例について …… 51
　4　運営権制度のみを利用する場合の条例 …………………… 56
第4節　運営権の対価（費用の徴収）………………………………… 62
第5節　抵当権の設定 ………………………………………………… 67
第6節　運営権の譲渡 ………………………………………………… 70
第7節　運営権の取消し等と補償 …………………………………… 73
　1　補償される場合 …………………………………………… 74
　2　補償の範囲 ………………………………………………… 75
第8節　登録手続（但馬空港の登録例）……………………………… 77
　1　登録制度 …………………………………………………… 77
　2　登録申請手続 ……………………………………………… 83
　3　運営権設定書 ……………………………………………… 87

第3章　公共施設等運営権実施契約（運営権制度におけるリスク分担）

第1節　公共施設等運営権実施契約の特色 ………………………… 90
第2節　不可抗力リスクの分担 ……………………………………… 93
　1　従来型PFI事例における不可抗力リスクの分担例 ……… 93
　2　事　　例 …………………………………………………… 97
第3節　法令変更リスクの分担 ……………………………………… 104
　1　総　　論 …………………………………………………… 104
　2　事　　例 …………………………………………………… 107
第4節　需要リスクの分担 …………………………………………… 111
第5節　運営権対価の支払（プロフィット・シェアリング）……… 114

目　次　xi

1　総　　論 …………………………………………………………… 114
　2　事　　例 …………………………………………………………… 116
第6節　瑕疵担保責任 ……………………………………………………… 120
　1　運営権と瑕疵担保責任との関係 ………………………………… 120
　2　事　　例 …………………………………………………………… 121
第7節　契約の解除と運営権の取消しとの関係 ………………………… 124
　1　運営権の取消しと実施契約の解除 ……………………………… 124
　2　事　　例 …………………………………………………………… 125
第8節　増　改　築 ………………………………………………………… 131
　1　運営権と増改築の関係 …………………………………………… 131
　2　事　　例 …………………………………………………………… 133
第9節　テナントに施設を賃借する場合の特例 ………………………… 136
　1　運営権に転借権は含まれるか …………………………………… 136
　2　事例（仙台空港運営権実施契約案）…………………………… 137

第4章　公共施設等運営権の実例

第1節　わが国の動向 ……………………………………………………… 140
第2節　国立女性教育会館（ヌエック）………………………………… 142
　1　施設およびPFI事業の概要 ……………………………………… 142
　2　運営権実施契約の特色 …………………………………………… 144
第3節　仙台空港 …………………………………………………………… 146
　1　施設の概要 ………………………………………………………… 146
　2　運営権制度の導入 ………………………………………………… 147
　3　PFI事業の概要 …………………………………………………… 149
第4節　関西国際空港 ……………………………………………………… 153
　1　事業の実施に至る経緯 …………………………………………… 153
　2　施設および事業の概要 …………………………………………… 155

3　運営権者の収入および運営権の対価等 …………………………… 156
　4　その他の特色とリスク分担 …………………………………………… 157
第5節　シカゴ・スカイウェイ・トール・ブリッジ ………………… 160
　1　施設の概要 ……………………………………………………………… 160
　2　PFI手法の概要 ………………………………………………………… 161
　3　事業契約の特色 ………………………………………………………… 161

第5章　公共施設等運営権とファイナンス

第1節　公共施設等運営権とファイナンスの関係 ………………… 184
第2節　独立採算型PFI／混合型PFIにおけるプロジェクト・ファイナンスの留意点 …………………………………………………… 186
　1　タラソ福岡 ……………………………………………………………… 186
　2　近江八幡市民病院 ……………………………………………………… 190
　3　イタリア村 ……………………………………………………………… 193
　4　まとめ …………………………………………………………………… 194

第6章　第三セクター等の事業再建への公共施設等運営権制度の活用

第1節　はじめに …………………………………………………………… 200
第2節　従来の第三セクター等の処理 ………………………………… 201
　1　従来の処理方法 ………………………………………………………… 201
　2　ひたちなか市住宅・都市サービス公社 …………………………… 202
第3節　第三セクター等の処理への公共施設等運営権制度の活用 ……… 205

■事項索引 …………………………………………………………………… 210

第 1 章

公共施設等運営権の意義・役割とその活用

第1節 PFI事業の意義・役割と公共施設等運営権の意義・役割

1 PFI事業の意義・役割

　平成12年3月13日に閣議決定されて公示された「基本方針」において、PFI事業の意義が3点示されている。

> このPFI事業の着実な実施は、次のような成果をもたらすものと期待される。
> 第一は、国民に対して低廉かつ良質な公共サービスが提供されることである。(中略)
> 第二は、公共サービスの提供における行政の関わり方が改革されることである。(中略)
> 第三は、民間の事業機会を創出することを通じて経済の活性化に資することである。

　第一に関しては、本文において、

> PFI事業による公共サービスの提供が実現すると、それぞれのリスクの適切な分担により、事業全体のリスク管理が効率的に行われること、加えて、建設、製造、改修(設計を含む。)、維持管理及び運営の全部又は一部が一体的に扱われること等により、事業期間全体を通じての事業コストの削減、ひいては全事業期間における財政負担の縮減が期待できる。

となっている。ここで注目すべきは、「費用の縮減」がPFI事業の意義・役

割となっていることである。

　第二に関しては、本文において、

> PFI事業は、民間事業者に委ねることが適切なものについては、民間事業者の自主性、創意工夫を尊重しつつ、公共施設等の整備等に関する事業をできる限り民間事業者に委ねて実施するものである。

とされ、PFI事業の2番目の意義・役割として新たな官民のパートナーシップの形成があげられている。

　第三に関しては、本文において、

> PFI事業は、従来主として国、地方公共団体等の公的部門が行ってきた公共施設等の整備等の事業を民間事業者に委ねることから、民間に対して新たな事業機会をもたらす効果があることに加えて、他の収益事業と組み合わせて実施することによっても、新たな事業機会を生み出すことになる。

となっている。PFI事業の3番目の意義・役割は、公共事業分野をより多く民間事業者に開放することである。

　これらの意義・役割は、明快ではあるが、PFI事業を推進する主体である、国、地方公共団体等において、その必要性がどこまであったかが、これまでのPFI事業の実施件数からも読み取れるであろう。本制度は、制度としてなんら強制力はなく、従来の業務の枠組みである縦割り行政に対し、横串を通す事業の仕組みからも、従来型事業方式においてなんら問題がない限り、検討されることは限られている。しかし、ここにきて様相は一変したといっても過言ではないであろう。その大きな理由の一つとして、国の財政状況のさらなる悪化である。国は、現在の緊急避難的な財政運営を是正するためにも、歳出削減が至上命題となっている。少なくともこれ以上の歳出の増

加は抑えなければならない。結果として、国および地方公共団体等が行っているさまざまな事業の見直しが求められている。地方交付税交付金制度、いわゆる補助制度も同様である。さらに今後60年間に約200兆円が必要とされている公共施設・インフラの更新費用の財源問題がある。これらを背景として運営権制度が創設されるに至ったのである。では、運営権制度の意義は、どのように「(改正)基本方針」のなかに組み込まれたのかをみる。

2　公共施設等運営権の意義・役割

運営権制度の創設等に伴い、平成25年9月20日に閣議決定された「(改正)基本方針」においては、下記のとおりの変更がなされている。
第一に関しては、上記本文のなかに、

> (前略)一体的に扱われること、(以下追加)公共施設等運営権の活用等を通じた自由度の高い運営により民間の創意工夫が活かされること等により、(以下同文)。

と変更された。自由度の高い運営によって費用の縮減のみならず、収益の増加を期待し、よって事業コストの削減、ひいては財政負担の縮減を実現することをその意義とした。公共施設等運営権の導入によって、公共事業において民間の経営ノウハウを活用した収益の増加を求めたことに大きな意義がある。
第二に関しては、本文の最後に以下文章が追加された。

> 財政資金の効率的利用や真に必要な公共施設等の整備等と財政健全化の両立が図られ、行財政改革の推進に寄与することが期待される

公共施設等運営権に期待されていること、その意義・役割がいかに大きい

かを読み取ることが出来る。

第三に関しては、本文途中に新たな文章が追加された。

> 株式会社民間資金等活用事業推進機構が、金融機関が行う金融及び民間の投資を補完するための資金の供給等を行うことより、わが国におけるインフラ投資市場の整備の促進につながることが予想される。

需要リスクを民間企業がとるようなリスクの高い事業に、国が支援する形態を生み出し、公共事業分野への民間参入を拡大する金融スキームを構築した。公共施設等運営権の導入は、民間の事業機会の創出を飛躍的に拡大する意義・役割がある。

運営権制度の創設は、公共事業における官民の関係を大きく変貌させる可能性を秘めているが、問題は、はたして適切に活用、運用されるのかである。

第2節　公共施設等運営権の活用

1　利用料金収入を増やすための手法

　運営権制度の特徴は、上記のとおり、自由度の高い運営により創意工夫が活かされることによって、指定管理者制度等他の手法では実現できない、収益の増加、費用の縮減を複合的に達成することである。特に、新たな制度として強調される点は、収入を増やすために、利用料金の設定・変更に関し、従来の「承認の取得」から「届出」となり、利用料金を市場の動向に即し、機動的に上げ下げできるようになったことである。また、制度的に認められる範囲内で、自己の判断で商業施設、宿泊施設等の新たな投資を増やすこともでき、需要喚起、収入増加を図ることも可能となっている。公共サービスの提供において、収入を増やすこと、歳入を増やすことは、これからの国・地方の財政運営、財政構造の改善において不可欠であり、その意味において、運営権制度の創設は時代的要請であり、そして活用されなければならないのである。

　参考までにガイドライン「1運営権制度について　1.ポイント(2)」の該当分を示す。

> 　利用料金の決定等を含め、民間事業者による自由度の高い事業運営を可能とすることにより、民間事業者の創意工夫が生かされ、既存のインフラの価値が高まり、利用促進が図られることにより、公共施設等の管理者（以下「管理者等」という。）、民間事業者、利用者の三者にとって、それぞれ有益なものとなることが期待される。

2　運営権制度の対象事業

では、運営権制度の活用は、どのような事業に適切なのだろうか。ガイドライン「7運営権対価　(1)運営権対価の性質、算出用法等　2.留意事項2－1運営権対価とは(1)」がその判断基準を示していると思われる。

> 運営権は、管理者等が有する施設所有権のうち、公共施設等を運営して利用料金を収受する（収益を得る）権利を切り出したものである。

理論的には、1円でも収入がある公共サービスであれば、いかなるタイプの公共サービスであっても適切といえる。深刻な財政問題に関する現状認識を前提とするならば、問題を乗り越えるに必要なあらゆる手段が検証されるなかで、収入の増加・歳入の増加を図れる運営権制度の活用が必然となる。

3　運営権制度と運営のプロフェッショナル

次になぜ、収入の増加が可能になるのだろうか。それは運営を運営のプロフェッショナル・専門家に任せるからである。指定管理者制度のもとでは、指定管理業務の一部に運営が入っていた場合、ビルメンテナンス会社等が運営を引き受けている場合が多くみられる。会社の主力業務は、維持管理業務であり、運営の専門家もいないビルメンテナンス会社等が担う指定管理業務の一部としての運営業務であるならば、維持管理業務に係るコストの増減等によって運営にかける人員・予算も影響を受けるのは避けられない。運営権制度は、運営業務を運営業務の専門会社、専門家に任せる事業スキームを構築し、その人材、経験、企画力、ネットワークの活用等をもって収入を増やすことができる制度である。

4 柔軟な制度の運用

　運営権制度の活用において、最も留意すべき点は、PFI法に規定された制度的枠組みを遵守する必要があるとともに、その運用においては、ガイドラインを理解しつつ、柔軟な対応が求められる点である。本制度は、前述のとおり、巨大な空港運営事業を実現するために創設された制度であり、その制度的枠組みの特徴は、巨額の資金調達を可能にするため条件設定がなされている点である。もし、事業規模が小さく、資金調達を必要としないのであるならば、事業の範囲、事業者選定手続、選定基準、運営権対価の算定、VFMの評価等は、適宜簡略化されるべきである。ガイドラインの「前書き」においても下記の記述がある。

> 　（前略）本ガイドラインは、各省庁が、運営事業の円滑な実施のため、PFI法令にのっとった上で、状況に応じて工夫を行い、本ガイドラインに示したもの以外の方法等によって運営事業を実施することを妨げるものではない。
>
> 　本ガイドライン（第一版）は、公共施設等運営権に関し、現時点で判明している論点等をまとめたものである。運営事業はこれから本格的に実施されるものであり、今後の実施状況や同事業に係る調査・検討の進展等を踏まえ、必要に応じ本ガイドラインの一部若しくは全部を変更し（第二版）、又は新たなガイドラインを示すこととする。

5 公共施設等運営事業に係る特徴的リスク

　運営権制度は、公共サービスにおける運営・維持管理を対象とした制度である。施設・設備の所有権は発注者である公共施設等の管理者が保有し、そ

の業務範囲として施設・設備の計画修繕、大規模修繕等が想定されている。また、民間事業者は利用料金を自らの収入として収受できる。以上の前提条件、事業形態から運営権制度を活用した事業には、二つの特徴的なリスクが見出される。一つは、施設・設備に係る瑕疵・老朽化リスクであり、もう一つは収入リスク（需要リスク）である。

　瑕疵・老朽化リスクは、施設・設備に係る過去の保全、維持管理状況が十分にわからないために、将来の計画修繕費、大規模修繕費等の予測が難しく、費用負担が増加するリスクである。特に建物に隠れていた瑕疵が顕在化した場合に、その責任の所在が不明確であることより、現状復帰のための費用が大きな負担となるリスクである。収入リスクは、運営開始後の収入が予測を大幅に下回る等により事業継続が困難となり、追加的な出資、融資等の負担が発生するリスクである。これらのリスクを勘案したうえで、十分な収益性が見出せなければ、民間事業者の事業への参画は、多く期待できない（運営権制度に特徴的なリスクへの対応等については第3章参照）。

6　独立採算型・混合型・分離一体型

　運営権制度を活用する事業（以下「公共施設等運営事業」という）を推進するうえで、上記を反映したさまざまな事業スキームの検討がなされなければならない。ここではこれまでの事例等をふまえ三つの事業スキームをみてみる。
① 　独立採算型事業スキーム
② 　混合型事業スキーム
③ 　分離・一体型事業スキーム

　まず、①独立採算型事業スキームである。独立採算型事業スキームとは、事業期間中（契約期間中）に必要とするすべての費用、利益等を事業が生み出す収益でまかなえる事業スキームである。事例としては、平成26年7月11日に実施方針が公表された「関西国際空港及び大阪国際空港特定空港運営事

業」(以下「関西国際空港運営事業」という)と、平成26年4月25日に実施方針が公表された「仙台空港特定運営事業」(以下「仙台空港運営事業」という)がある。序文において「関西国際空港運営事業」のために運営権制度が創設されたといっても過言ではないと記述した。当該事業の実施方針における「事業背景・目的」は、核心的な部分でもあり掲載する。

> 新関空会社は、関西国際空港の際内乗継機能の強化を含む国際拠点空港としての機能の再生及び強化、大阪国際空港の環境に配慮した都市型空港としての運用、利用者ニーズに即した空港アクセス機能の強化等を目指し、関西国際空港及び大阪国際空港両空港に係る運営権を設定し、民間事業者に本事業を実施させることにより、当該民間事業者が、そのノウハウを最大限利用しつつ、投資に対する収益に関し自らリスクを取る統治体制に移行することで、より効率的で緊張感のある経営を実現できる仕組みを確立し、民間事業者の柔軟な創意工夫による、空港ビジネスの展開を可能とするとともに、運営権の対価の収受により債務の早期の確実な返済を行い、関係者間の連携の下、関西国際空港の国際拠点空港としての再生・強化及び関西全体の航空輸送需要の拡大を図ることとした。

まさに、運営権制度創設の目的が明記されている。空港運営のプロを含む民間事業者が、契約期間中に、投資に対する収益に関し自らリスク(収入リスク)をとる統治体制のもと、民間事業者の柔軟な創意工夫による、空港ビジネスの展開によって収益を増やすことを前提とした運営権の対価を支払うことが求められている。当然のことながら両空港施設に係る瑕疵、劣化リスクを考慮しなければならない。これらは単なる更新費用、修繕費用の見積りの問題だけではなく、不可抗力を含む予測を超えた事態に対する契約上の問題でもある。「仙台空港運営事業」も同様な独立採算型事業スキームとなっている。今後、福岡空港等の国管理空港、あるいは静岡空港等の地方管理空

港にも運営権制度のもとで独立採算型事業スキームが検討されると思われる。

次に②の混合型事業スキームである。これまでのところ、混合型事業スキームは、いくつかの事業で試験的に検討されたが、実績はない。平成27年2月に作成された「大阪市建設局「大阪市下水道事業経営形態見直し基本方針（案）」」において、混合型公共施設等運営権制度の定義がなされている。「混合型公共施設等運営権制度とは、公費と私費で運営されるインフラ事業を、運営権制度を活用して民間が参画するときに適用する事業方式で、独立採算型とサービス購入型を組み合わせたもの。」（独立採算型：運営権者は、受益者から利用料金（私費）を得て運営。サービス購入型：運営権者は、公共からのサービス購入費（公費など）を得て運営）下図参照。

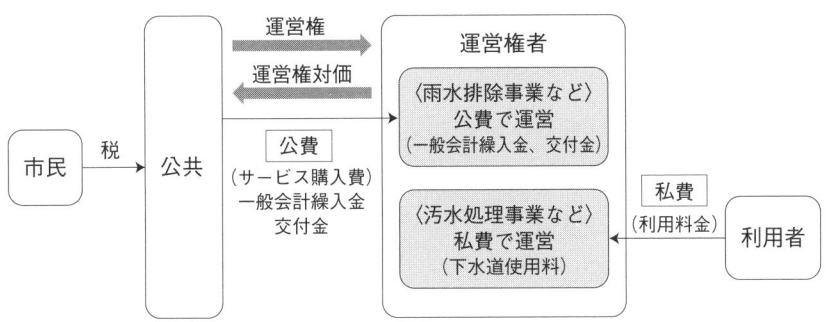

大阪市下水道事業においては、「混合型運営権制度」を適用。
（出典）　大阪市建設局「大阪市下水道事業経営形態見直し基本方針（案）（平成27年2月）」

上記のとおり、混合型事業スキームは、事業期間中（契約期間中）のすべての費用を、利用料金等の収益でまかなうことはできず、一部を税金等の公費の負担が必要となる事業スキームである。これは、これまでのPFI事業における、混合型、ジョイント・ベンチャー型と変わらない事業スキームである。この事業方式の特徴は、私費、公費の規模、割合を民間事業者の提案によって決め、私費の過不足のリスクを民間事業者がとることとなる。たとえば、上水道事業の場合であると、人口の急激な減少（住民の他の市町村への

移転も含め)、嗜好の変化、価格による需要の激減等も想定しなければならない。また、混合型事業スキームにおいては、単なる維持管理・運営に係る委託業務と異なり、当該施設・設備の計画修繕、大規模修繕等も運営事業の業務範囲に入り、費用の見積りも運営権者の責任となる。しかしながら、既存の施設・設備の実態、老朽度を正確に調査することはきわめてむずかしく、計画修繕、大規模修繕費用等の費用見積りにおけるリスクは大きいといわれている。

次に③分離・一体型事業スキームである。これは日本PFI・PPP協会にて構築した事業スキームで、運営権制度の特徴の一つである「収益を増やす」を最も効率的、効果的に実現することを目的として作られたスキームである。分離・一体型事業スキームとは、発注者が、運営権制度を活用しようとする対象事業を、収益を増やす運営事業を中心とした「公共施設等運営事業」と、維持管理を中心とした「長期維持管理委託業務」に『分離』し提案を求め(公募)、選ばれたグループが設立するSPCとの間で公共施設等運営権実施契約および長期維持管理委託業務契約の両方を締結し、SPCに『一体的』に維持管理運営させる事業スキームである。

この事業スキームの特徴は次のとおりである。
① 公共施設等運営事業の事業範囲に、施設・設備の計画修繕、大規模修繕を含めないため、施設・設備の瑕疵、老朽化リスクを軽減する。
② 運営会社は、運営に専念でき、収益拡大策を、実施に伴い必要となる費用を勘案のうえ、自由に採用できる。
③ 長期維持管理業務委託は、固定価格で価格競争が反映される。
④ インセンティブ方式の導入により、提案に基づく一定以上の収益は、発注者に還元する。分離・一体型事業スキームによる公共施設等運営事業は、独立行政法人国立女性教育会館(以下「ヌエック」という)が発注者となり、平成26年2月14日に実施方針が公表された「(仮称)国立女性教育会館公共施設等運営事業」がある。

（仮称）国立女性教育会館公共施設等運営事業および施設・設備長期維持管理業務委託　業務（費用）区分

公共施設等運営権制度適用前のヌエックの費用等区分
① 修繕業務
② 光熱水費
③ 備品消耗品・その他役務
④ 土地借料
⑤ 繰越修繕費
⑥ PCリース
⑦ 複写機賃借
⑧ 通信費
⑨ 役務関連
⑩ 事務用消耗品
⑪ 設備運転保守点検業務
⑫ 年間保守点検業務
⑬ 清掃業務
⑭ 構内庭園維持管理業務
⑮ 警備業務
⑯ 受け付け・案内業務
⑰ アメニティ業務
⑱ 宿泊準備等整理業務
⑲ リネンサプライ・洗濯業務

区分Ⅰ　公共施設等運営権制度適用後のヌエックの費用等区分

①	計画修繕業務（※）	※「①修繕業務」のうち、計画修繕業務を負担
②	光熱水費（※）	※一定水準を超過する分は運営権者より充当
③	備品消耗品・その他役務（※）	※一定水準を超過する分は運営権者より充当
④	土地借料	
⑤	繰越修繕費	
⑥	PCリース	
⑦	複写機賃借（※）	※ヌエック業務使用分のみ
⑨	役務関連	
⑩	事務用消耗品	

区分Ⅱ　施設・設備長期維持管理業務の費用等区分

①	日常修繕業務（※）	※「①修繕業務」のうち、日常修繕業務を負担
⑪	設備運転保守点検業務	
⑫	年間保守点検業務	
⑬	清掃業務	
⑭	構内庭園維持管理業務	
⑮	警備業務	

区分Ⅲ　公共施設等運営事業の費用等区分

②	光熱水費（※）	※一定水準を超過する分は運営権者負担
③	衛生消耗品費（※）	※一定水準を超過する分は運営権者負担
⑦	複写機賃借（※）	※運営権者使用分のみ
⑧	通信費（※）	※運営権者全額負担
⑯	受け付け・案内業務	
⑰	アメニティ業務	
⑱	宿泊準備等整理業務	
⑲	リネンサプライ・洗濯業務	
※全体統括管理業務		※新規費用
※経理業務		※新規費用
※企画・広報・営業業務		※新規費用
※給食・売店業務		※新規費用
※役務関連		※新規費用
※事務用消耗品		※新規費用
※ランニング経費		※新規費用

7　公共施設運営権制度と指定管理者制度の併用

　運営権制度を活用しようとする場合、留意すべき点の一つは、指定管理者制度との関係である。対象とする施設が地方自治法（昭和22年法律等67号）の244条に規定されている「公の施設」に該当する場合は、両制度が併用されることとなる場合がある。その根拠として、「地方公共団体における運営権制度導入手続調査研究報告者（平成26年3月）」（総務省地域力創造グループ地域振興室。本書において「研究報告書」と略称している）には、下記の指摘がある。

---

　(3)　両制度の比較
　　⑮　まとめ
　　　ウ　使用許可の権限
　　指定管理者制度においては、条例の定めにより、指定管理者が使用許可の権限を行わせることができるが、運営権制度では、使用許可の権限は付されていない。

8　ガイドラインにおける「留意事項」と実務的課題

　「公の施設」に運営権制度を活用する場合、実務的には、ガイドライン「9設定　(2)指定管理者との関係、2.留意事項」の(4)が示す内容が大きな課題となる。

---

　(4)　利用料金に関して、PFI法に基づく実施方針に関する条例と地方自治法に基づく指定管理者の利用料金に係る条例の整合性が図られていることを前提として、利用料金が実施方針及び条例に従っている限り、

> 原則として、PFI法に基づく届出受理及び地方自治法における承認のいずれもなされるものと考えられる。

　すなわち、両制度のもとに決められる利用料金およびその変更可能な範囲（幅）は同一であることが前提となる。PFI法に基づく実施方針に関する条例では、利用料金の変更の範囲を大きくすることにより運営の柔軟性を確保することが目的となるが、これまでの都道府県市町村等で採用されてきた地方自治法に基づく指定管理者制度における利用料金との整合性を図ることがきわめて困難となる。

　これまでの検討事例（複数）においても、既存の指定管理者制度に係る条例との整合性が大きな問題となり、結果としては、その変更幅等に大きな影響がみられる。両制度の併用は、実務的にさまざまな課題を生み出しており、早急に改善されることが望まれる。

第 2 章

公共施設等運営権に関する法令・ガイドライン等の解説

第1節 公共施設等運営権に関する法令・ガイドライン等

　運営権制度は平成23年に改正されたPFI法により導入された。その後、運営権制度については、「民間資金等の活用による公共施設等の整備に関する事業の実施に関する基本方針の変更について」（本書において「基本方針」と略称している）が閣議決定され、それをふまえて内閣府PFI推進室により「公共施設等運営権及び公共施設等運営事業に関するガイドライン」（本書において「ガイドライン」と略称している）が公表され、運営権制度を実施するにあたっての指針が詳細に設けられた。

　また、「民間資金等の活用による公共施設等の整備等の促進に関する法律施行規則」が改正され運営権実施契約に定める事項や公表についての定めがおかれた。

　さらに、運営権登録制度については、「公共施設等運営権登録令」「同規則」が施行され、登録の手続等について詳細な定めがおかれた。

　加えて、地方自治体における運営権制度の運用に関して、「地方公共団体における公共施設等運営権制度導入手続調査研究報告書」（本書において「研究報告書」と略称している）が総務省により公表され、特に従来より運用されてきた指定管理者制度との異同や両制度を併せて活用すべき場合やその場合における条例案等について詳細な指針が与えられた。

　運営権に係る会計処理に関しては、PFI推進室より「公共施設等運営権に係る会計処理方法に関するPT研究報告（中間とりまとめ）」（本書において「会計処理報告」と略称している）が公表されている。

　さらに国道交通省は「下水道事業における公共施設等運営権事業等の実施に関するガイドライン（案）」（本書において「下水道ガイドライン」と略称している）を公表している。

　以上のとおり、運営権制度については、重要な法令やガイドライン等がいくつか策定され公表されており、今後、わが国において運営権制度を活用す

るにあたっては、これらの理解が必須となる。

　本章においては、まず第2節で運営権の対象、意義、要件等について検討を行っている。特に、運営権者が公共施設の一部をテナント等に賃貸する場合の手法について検討するとともに（3項(3)）、下水道、道路等に関する公物管理法との関係について検討を行っている（5項）。

　第3節では、地方自治体において運営権制度活用時の留意点を検討している。特に、地方自治法上の指定管理者制度との異同、棲み分け、両制度を併用する必要のある場合やその場合における留意点について検討している。

　第4節では運営権の対価について、第5節では運営権への抵当権の設定について、第6節では運営権の譲渡について、第7節では運営権の取消し等と補償についてそれぞれ検討している。

　さらに第8節では、運営権の登録手続について、実際の登録例等を参照しつつ、実務運用について紹介等をしている。

第2節 公共施設等運営権の要件

1 要件の整理

　PFI法2条7項は、公共施設等運営権とは公共施設等運営事業を実施する権利をいう、としているところ、同条6項は、公共施設等運営事業を次のように定義している。

> **PFI法2条6項**
> 　この法律において「公共施設等運営事業」とは、特定事業であって、第16条の規定による設定を受けて、公共施設等の管理者等が所有権（公共施設等を構成する建築物その他の工作物の敷地の所有権を除く。第29条第4項において同じ。）を有する公共施設等（利用料金（公共施設等の利用に係る料金をいう。以下同じ。）を徴収するものに限る。）について、運営等（運営及び維持管理並びにこれらに関する企画をいい、国民に対するサービスの提供を含む。以下同じ。）を行い、利用料金を自らの収入として収受するものをいう。

　これによると、公共施設等運営権の要件は次のように整理されるものと考えられる。
① 対象が「公共施設等」であること
② 公共施設等の「管理者等」が設定すること
③ 「管理者等」が、公共施設等を構成する建築物その他の工作物の所有権を有すること
④ 公共施設等が利用料金を徴収するものであること
⑤ 当該事業が、運営および維持管理ならびにこれらに関する企画であり、

国民に対するサービスの提供を含むものであること
⑥ 利用料金を運営権者自らの収入として収受するものであること

以下では、これら要件との関係で、特に留意すべき点として次の諸点について解説する。

・対象が「公共施設等」であること
・「運営等」の意義
・利用料金を収受するものであること
・公物管理法との関係

2 対象が「公共施設等」であること

(1) 公共施設に限らず、より広い範囲の設定が可能

土地区画整理法2条5項では、「この法律において「公共施設」とは、道路、公園、広場、河川その他政令で定める公共の用に供する施設をいう。」としているが、公共施設等運営権の対象は「公共施設」「等」であり（PFI法2条1項）、PFI法は「公共施設等」について広範な施設への設定を認めている。

> **PFI法2条1項**
> この法律において「公共施設等」とは、次に掲げる施設（設備を含む。）をいう。
> 一　道路、港湾、空港、河川、公園、水道、下水道、工業用水道等の公共施設
> 二　庁舎、宿舎等の公用施設
> 三　賃貸住宅及び教育文化施設、廃棄物処理施設、医療施設、社会福祉施設、更生保護施設、駐車場、地下街等の公益的施設
> 四　情報通信施設、熱供給施設、新エネルギー施設、リサイクル施設

（廃棄物処理施設を除く。）、観光施設及び研究施設
　五　船舶、航空機等の輸送施設及び人工衛星（これらの施設の運航に必要な施設を含む。）
　六　前各号に掲げる施設に準ずる施設として政令で定めるもの

(2) 土地（敷地）への設定も可能か

　運営権設定の対象となる「公共施設等」には、その敷地が含まれると考えてよい。この点、PFI法2条1項では「公共施設等」の例として「道路」「駐車場」など土地を前提としたものをあげていること、公共施設等の運営を適切に行うためには、施設（建物）の敷地も運営権の範囲に含まれることがより効果的であること等にかんがみ、敷地への運営権の設定も可能と考えられる。実際、わが国で初めて公共施設等運営権が設定された丹波空港では、公共施設等運営権設定の対象施設を「滑走路、ターミナルビル、駐車場、空港公園など、飛行場の管理範囲にある空港施設設置者が所有する施設と全ての土地」として敷地を運営権設定の対象としている（本章第8節参照）。

(3) 施設の一部への運営権の設定

　公共施設の一部への運営権の設定も可能とされている。この場合、運営権の分割・併合ができないことから（PFI法26条1項）、設定時に適切な判断をすることが求められる。また、公共施設の一部で運営事業が実施される場合においては、事業者が実施される範囲を明確にするため、運営事業が実施される範囲で運営権を設定することが望ましいとされている（以上について、ガイドライン9(1)2.(5)）。

(4) 複数の施設への一の運営権の設定

　運営権は物権とみなされるが、物権とは直接排他的に物を支配する権利である。この排他的支配を可能とするために、物権の客体は原則として特定の

物でなければならないとされている。

　もっとも、特別法でこの例外が認められるケースもある。

　たとえば、観光施設財団抵当法という法律では、観光施設を観光旅行者の利用に供する事業を営む者は、抵当権の目的とするため、一または二以上の観光施設について、観光施設財団を設定することができるとし（同法3条）、①土地および工作物、②機械、器具および備品、③動物、植物および展示物、④地上権および賃貸人の承諾あるときは物の賃借権、⑤船舶、車両および航空機ならびにこれらの付属品、⑥温泉を利用する権利などについて、同一の事業者に属し、かつ、観光施設に属するものの全部または一部をもって組成することができるとしている（同法4条）。

　この点、PFI法がいかなる施設までを一つの運営権の対象としてよいとしているのかは必ずしも明らかではないが、同法19条2項では、公共施設等運営権の設定において掲げる事項の一つとして「公共施設等の名称、立地並びに規模及び配置」としている。これは、不動産登記法が登記の対象（所有権や抵当権等の対象）を、①建物の所在する市、区、郡、町、村、字および土地の地番、②家屋番号、③建物の種類、構造および床面積、④建物の名称があるときは、その名称、⑤付属建物があるときは、①その所在する市、区、郡、町、村、字および土地の地番、②家屋番号、③建物の種類、構造および床面積等によって、特定・表示しようとするのとは、一線を画していると思われる。

　そして、ガイドラインによれば、複数の施設へ一の運営権を設定することも可能とされている。そして、複数の公共施設等に一の運営権を設定する場合においては、当該公共施設等の間における物理的一体性や利用上・機能上の一体性の高さ、当該施設に関する個別法上の取扱い等をふまえ、社会通念上、一つの施設として観念し得る必要があるとされている（ガイドライン9(1)2.(5)。なお、ガイドラインの同箇所によれば、複数の公共施設等に対し一の運営権が設定できない場合においても、同一の運営権実施契約において複数施設を対象とすることにより一体的運営は可能であると考えられるとされている）。

このように、PFI法は、運営権は物権の客体は特定の物でなければならないとの原則に対して、大きな例外を認めているといえる。

　複数の施設等を一体としてとらえ、一つの運営権という物権を設定・登録できることにより、公共施設等運営事業が安定的・継続的に実施されることに資することになると考えられ、かかる運用には合理性があるものと考えられる。もっとも、運営権が物権であること、抵当権などの担保が設定されること、第三者への譲渡がありうること、増改築や施設内設備の更新等がありうることからすると（増改築については後述する）、取引の安定のため、運営権の対象が明確に特定されることが必要であり、今後の登録実務が適切に運用されることが重要となる（登録実務の状況については本章第8節参照）。

3　「運営等」の意義

(1)　建設、製造は含まれない

　PFI法2条6項では、「運営等」とは、運営および維持管理ならびにこれらに関する企画をいい、国民に対するサービスの提供を含むとしている。したがって、従来のPFIでその中心的業務の一つであった施設の建設や製造は運営権の対象とならない。これらについては、運営権実施契約とは別途、従来型のPFI事業契約を締結して、民間事業者に委ねることはもちろん可能である。

(2)　増 改 築

　ガイドラインでは、増改築に関連して、「建設」「改修」と考えられるものは運営権の範囲に含まれないとする一方、「維持管理」と考えられるものは運営権の範囲に含まれるとする。そして、「建設」「改修」とは、新たな施設をつくりだすこと、いわゆる新設工事および施設等を全面除却して再整備するものを指すとし、「維持管理」はいわゆる新設または施設等を全面除却し

再整備するものを除く資本的支出または修繕（いわゆる増築や大規模修繕も含む）を指すとする（ガイドライン11⑴2－1.）。

そのうえで、次のような点に留意が必要とされている（ガイドライン11⑴2－2.⑷）。

① 従前の施設が全面的に除却されると、その時点で管理者等の所有権が消滅し、運営権も消滅すること。したがって、新たな運営権の設定が必要であること。
② 施設の位置の変更や施設の平面的規模の大幅な拡大などにより、その内容によっては施設の立地、すなわち住所に変更が生じる場合も考えられる。この場合、登録事項に変更が生じるため、運営権の同一性を維持できず、新たな運営権の設定が必要と考えられること。
③ 登録簿の運営の内容には、第三者が事業内容を特定できる程度事項を記載することが必要と考えられるが、施設の運営内容の変更により登録事項に変更が生じる場合においては、運営権の同一性を維持できず、新たな運営権の設定が必要な場合もありうること。

なお、運営権者という立場とは別に、民間事業者が施設管理者から委託を受けて増改築を行うことは可能である。

したがって、事業期間中に増改築が必要となることが予想される場合には、だれが、どのような立場・権限に基づいて、どの範囲で増改築を行うことができるかについて、実施方針や運営権実施契約、PFI事業契約または通常の業務委託契約を締結しそのなかで規定することが重要である。

⑶ 第三者に公共施設等を賃貸する権利は運営権に含まれるか

公共施設を独立採算型で運営する場合、その一つの事業形態として、テナントに施設の一部を賃借することが考えられる。また、文化ホールやコンサート・ホール、公園施設をコンサートその他のイベント等に使用させるため時間貸しすることや、一定のスペースを説明会や勉強会に使用させるために時間貸しすることも典型例の一つとして考えられる。

これらはいずれも、法的には賃貸借契約（当事者の一方がある物の使用および収益を相手方にさせることを約し、相手方がこれに対してその賃料を支払うことを約することによって、その効力を生ずる契約（民法601条））を締結して当該事業を進めるのが通常であると考えられる。このような第三者に公共施設等の全部または一部を賃借する権利は運営権の一部として認められうるであろうか。

　運営権とはPFI法2条6項によれば、「運営及び維持管理並びにこれらに関する企画をいい、国民に対するサービスの提供を含む」ことを行う権利、ということになるが、ここで「運営及び維持管理」「国民に対するサービスの提供」というのが具体的に何を指すのかは必ずしも一義的に明確というわけではなく、この点を明らかにするには、運営権という権利の本質に翻って考える必要がある。

　この点、内閣府民間資金等活用事業推進室の担当者によれば、運営権については次のような説明がなされている。

> 　一般に所有権には、物を利用する権利、物から果実を取得する権利、物を処分する権利が包含されると言われるが、運営権は、この所有権の中から、物を利用する権利、物から果実を取得する権利（公共施設であることから、民間事業者がこれらの権利を全く自由に行使できるというのではなく、公的主体による一定の制約は受ける）を切り出したものと理解している。
>
> （倉野・宮沢(3)125頁）

　これは民法206条が「所有者は、法令の制限内において、自由にその所有物の使用、収益及び処分をする権利を有する。」と規定していることを前提として、所有権に包含される使用、収益、処分という権利のうち、処分権を除いた、使用、収益をする権利のことを運営権と理解されているものと考えられる。

そのような運営権に、第三者への賃借権が含まれるかを考えるにあたっては、収益をする権利（物から果実を取得する権利）とは何を意味するのかをさらに検討する必要がある。ここで果実とは天然果実と法定果実があるが、これについては民法に規定がある。

> **民法88条**
> 1　物の用法に従い収取する産出物を天然果実とする。
> 2　物の使用の対価として受けるべき金銭その他の物を法定果実とする。

この法定果実の典型的な例として、民法上の通説では、金銭使用の対価である利息、家屋使用の対価である家賃、宅地使用の対価である地代をあげている（我妻・有泉194頁）。

つまり不動産賃貸借契約を締結して賃料を得ることは、所有権の一権利である収益権、つまりは運営権の典型的な例であるといえる。

したがって、公共施設等運営権に基づいて、当該施設を第三者に賃借することは、本質的な権利として許容されうるものと考えられる（もとより、運営権を具体的にどのような権利として設定するかは、管理者等による運営権設定行為によって確定することであるので、管理者等がある運営権を設定するにあたり、第三者への賃借権を否定することは可能であるが、逆に管理者等が運営権を設定するにあたり、第三者に当該施設の全部または一部について、一定の賃借権を付与する権利を運営権の一内容として設定することは運営権の本質として認めることが可能であると考えられる）。

しかしながら、ガイドラインは運営権のなかに賃借権は含まれず、テナントに公共施設等を賃借するためには、運営権設定者から運営権者に対する賃貸借契約が締結されるのを前提として、運営権者がテナントに転借するスキームが必要とされる（ガイドライン6(1)2.(3)～(5)。詳細は次のとおり）。

(3)　一方、所有権から運営収益する権利を切り出したものであるという運営権の性質に鑑み、PFI法に列挙されたものを除き運営権は権利の目的とならず、また、運営権の移転には管理者等の許可が必要とされていることから、運営権は、管理者等が公共施設等を運営・収益する権利を運営権者に対して設権したものであり、運営権者がその権利を権原として当該公共施設等を貸与することを認めたものではないと考えられる。

(4)　管理者等が所有する建物に運営権が設定された場合において、運営権を権原として運営権者がその建物の一部を第三者に貸し付けることは、運営権が包含する運営収益権の一部を自らの判断であたかも第三者に対して貸し付けることになり、これをすることはできないと考えられる。

(5)　したがって、運営権者が、運営事業の一環として、管理者等の所有する建物の一部をテナント等第三者に貸し付けるためには、管理者等と運営権者との間で、実施契約と併せて、例えば賃貸借契約等をあらかじめ締結し、運営権者が当該建物の賃借権等を得た上で当該賃借権等を権原としてテナント等第三者に転貸する必要があると考えられる。

　しかし、上記ガイドラインの次の点については、疑問がないではない。
　まず、「所有権から運営収益する権利を切り出したものであるという運営権の性質に鑑み、PFI法に列挙されたものを除き運営権は権利の目的とならず」とする部分については、「PFI法に列挙されたもの」が何を具体的に指しているのか必ずしも明確ではないが、仮に「権利の目的」がPFI法2条1項各号で掲げる公共施設等であるとすれば、当該列挙施設に限定されているのは所有権から運営収益する権利を切り出したものであるという運営権の性質に由来するものではなく、PFI法の制度趣旨に基づくものというべきであ

るし、仮に「権利の目的」がPFI法2条6項の運営等すなわち「運営及び維持管理並びにこれらに関する企画をいい、国民に対するサービスの提供を含む」ものを指すのであれば、当該「運営」あるいは「国民に対するサービスの提供」のなかに国民に対する施設の賃貸をして賃料を得るサービスを除外する理由はないのではないかとも考えられる。

また、ガイドライン6(1)2.(3)における「運営権の移転には管理者等の許可が必要とされていることから、運営権は、管理者等が公共施設等を運営・収益する権利を運営権者に対して設権したものであり、運営権者がその権利を権原として当該公共施設等を貸与することを認めたものではない」との部分については、運営権の移転（譲渡）と運営権（収益権）に基づく施設の賃借は性質が異なるのではないかとの疑問がありうる。すなわち、ある運営権者が運営権を第三者に移転（譲渡）すると従前の運営権者にはなんらの権利も残らないのに対して、運営権（収益権）に基づき施設を賃借して賃料（収益）を得ることは運営権（収益権）に基づく典型的な権利の行使であり、両者はまったく性質を異にするものである。したがって、運営権の移転に管理者等の許可が必要とされていることは、運営権者が施設を貸与することを認めたものではないことの根拠にはなりうるか疑問がある。

なお、この点については民間資金等活用事業推進委員会（以下「PFI推進委員会」という）で何度も議論しているところであるが、委員のなかには、運営権の一貫として、賃貸権を含めるべきとの意見の委員も存するようにも見受けられる[1]。

上記推進委員会の議論では、結局、「運営権が物権的な構成をしていますので、物権を基にしてテナントに施設を貸すことは困難なのですけれども、その場合には賃貸借を用いてテナントに貸すことは可能」という整理に落ち着いている。

しかし、前述のとおり、内閣府の担当官の解説書によれば、運営権は所有

---

[1] 詳細は、第32回PFI推進委員会総合部会議事録および第30回PFI推進委員会議事録参照（いずれもPFI推進委員会HP）。

権のうちの物を利用する権利、物から果実を取得する権利を切り出したものとされており（倉野・宮沢(3)125頁）、当該物から法定果実を取得する権利の典型的な例である第三者への賃貸をする権利が「運営権が物権的な構成をしている」ことを根拠に否定されるというのは平仄があわないようにも感じられる。

すなわち、前述のとおり、所有権とは自由にその所有物の使用、収益および処分をする権利である（民法206条）。ここで、「使用権」とは自ら居住したり、事務所としたりすること、そのための改良を加えることを指し、処分権とは第三者に譲渡したり抵当権を設定したり、破壊して消滅させたりすることを意味する。そして、収益権は植物を育てて天然果実を収受したり、第三者に賃借して賃料を収受することをその典型とする。そして、運営権がこの所有権のうち、使用権と収益権を取り出したものだとすると、収益権のなかの典型的な権利行使方法である賃貸権を運営権者が有していないというのは、無理があるように感じられる。

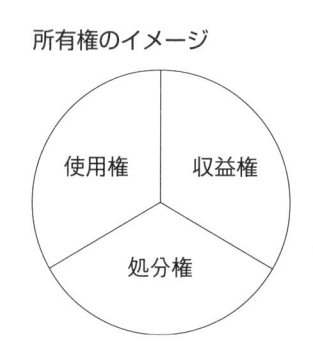

所有権のイメージ

使用権　収益権
処分権

むしろ、運営権は本来的には当該施設を第三者に賃貸して賃料を収受する権利を含みうるものではあるが、個別の事案における運営権の具体的な内容は実施方針や設定行為、実施契約によって事案に応じて限定されることから、その設定行為等によって賃貸権が制限または認められない場合もある、と整理すればそれで足りるようにも考えられる。

当面の実務的な対処としては、上記ガイドラインを前提として、運営権実施契約とは別途、管理者等と運営権者との間で別途、施設の賃貸借契約を締結したうえで、運営権者は第三者にさらに転貸借契約を締結して賃借することにならざるをえないが、今後、PFI推進協議会等で上記ガイドラインの内容について再度検討がなされ、運営権実施契約一本で運営権者が第三者への施設賃借を可能とする道が認められることを期待したい。

(4) みなし物権

> **PFI法24条（性質）**
> 　公共施設等運営権は、物権とみなし、この法律に別段の定めがある場合を除き、不動産に関する規定を準用する。

　運営権は上記のとおりPFI法24条により物権とみなされている。ここで「物権とみなされる。」とは、いかなる意味をもつのであろうか。物権とは、一定の物を直接に支配して利益を受ける排他的権利とされている（我妻・有泉338頁）。ここで「支配」とは、物権者の力が現実にその物の上に及ぶことをいい、「直接」とは、その支配がなんらの仲介者なしに実現されることをいう。また、「排他的に」とは他の権利が成立することを排斥することを意味する。このような直接排他的に物を支配する物権は、その効力として、①優先的効力、②物上請求権を有することになる。①優先的効力とは、内容の衝突する運営権相互の間においては、その成立の時の早いほうが優先することをいう。②物上請求権とは、物権の内容の完全な実現がなんらかの事情で妨げられている場合には、物権者は、その妨害を生じさせる地位にある者に対して、その妨害を除去して物権の内容の完全な表現を可能ならしめる行為を要求することができる。また、債権が対人的に契約の相手方に対してしか権利を主張できないのに対して、物権は対世効があり、広く第三者に対して権利を主張可能であることから、運営権の行使を妨害され損害を被った場合

には、当該損害の賠償を当該妨害者に求めることが可能と考えられる。

「不動産に関する規定を準用する。」とは、民法その他の法令における不動産の規定が準用されることを意味する。たとえば、民法177条では、「不動産に関する物権の得喪及び変更は、登記に関する法律の定めるところによりその登記をしなければ、第三者に対抗することができない」と定めており、これが運営権についても準用される結果、運営権についての得喪および変更は登録によらなければ第三者に対抗できないことになる。また、強制執行についても民事執行法43条以下の「不動産に対する強制執行」の手続が準用されることになるものと考えられる。

4 利用料金を収受するものであること

(1) 独立採算型のほか、混合型も可能

運営権は利用料金を利用者から収受することを要件としている。そのため、単に管理者等から委託を受けて施設の維持管理を行うだけの事業には運営権を設定することはできない。あくまで、エンドユーザーである利用者に対して、施設を前提としたサービスを提供し、そのサービス対価として利用者から直接、利用料金を収受することが必要となる。

もっとも、運営権者は利用者以外からはまったく収入を得てはならないとはされていない。そのため、独立採算型のほか、利用者および管理者等から事業の対価を得る、いわゆる混合型の事業についても運営権の設定は可能である。

(2) 利用料金の届出制

PFI法23条2項は「利用料金は、実施方針に従い、公共施設等運営権者が定めるものとする。この場合において、公共施設等運営権者は、あらかじめ、当該利用料金を公共施設等の管理者等に届け出なければならない。」と

し、届出制を採用している。これは指定管理者制度が事前承認制を採用していることとの大きな異同点である（詳細は第3節参照）。運営権者は利用料金を定めるにあたっては、実施方針に従う必要があり、実施方針では利用料金に関する事項を定めることが求められている（同法17条6号）。

実施方針で利用料金に関する事項を定めるにあたっては、以下の点に留意して、適切な利用料金の上限、幅などについて規定することが求められている（ガイドライン5⑴2.）。

(1) 実施方針に運営権に関する公共施設等の利用料金に関する事項を定める場合には、以下の点に留意して、適切な利用料金の上限、幅などについて規定する。
 ア 運営権者の自主性と創意工夫が尊重されることが重要であること。
 イ 特定の者に対して不当な差別的取扱いをするものではないこと。
 ウ 社会的経済的事情に照らして著しく不適切であり、公共施設等の利用者の利益を阻害するおそれがあるものではないこと。
(2) 個別法に料金に関する規定がある場合は、当該規定に従い所定の手続を行い、併せてPFI法第23条第2項に基づく届出を行う（ただし、当該個別法に特段の規定がある場合を除く。）。
(3) その他の場合においては、管理者等はPFI法第10条の4第6号及び基本方針四1⑴(ハ)の規定に基づき、実施方針等に料金に関し必要な事項（利用料金の上限、幅、変更方法等）を定める。運営権者はこれを踏まえ、届出を行う。
(4) 利用料金を改定する場合は、実施方針に従い、PFI法第23条第2項に基づく届出を行う。この場合において、個別法に料金に関する規定がある場合は、運営権者は当該規定に従い所定の手続きを行った上で料金を決定する必要がある。

5　公物管理法との関係

　運営権の概念は、その対象が公共施設等に及ぶことから、公共施設等についてPFI法とは別途に定められている公物管理法との関係について整理する必要がある。たとえば、PFI法2条1項で「公共施設等」として例示されている下水道については下水道法がある。下水道法によれば、公共下水道の設置、改築、修繕、維持その他の管理は、市町村または都道府県が行うものとしている（同法3条）。同じくPFI法2条1項で例示されている河川については河川法があるが、同法では、一級河川の管理は国土交通省が行い（同法9条1項）、二級河川の管理は都道府県知事が行うものとしている（同法10条1項）。

　このように、①公物管理者を国・公共団体に限定しているもの—道路法、河川法、都市公園法、港湾法、空港整備法、下水道等—は公物管理法と呼ばれ、②公共施設の管理者を原則として地方公共団体としながら、民間事業者の設置管理も認めるもの—水道法、工業用水事業法、更生保護事業法、熱供給事業法、社会福祉事業法、廃棄物の処理及び清掃に関する法律の一般廃棄物処理施設等—、③公共施設の管理者となるべき主体について、民間、公共団体の区別にかかわりなく認めているもの—鉄道事業法、道路運送法、医療法、廃棄物の処理及び清掃に関する法律の産業廃棄物処理施設、駐車場法の路外駐車場等—に整理されている（小幡純子「公物法とPFIに関する法的考察」小早川・宇賀772頁以下）。

　小幡教授は、同書のなかで、②③の類型については、もともと民間事業者が独自に公共施設の整備を行うことができるため、PFIの形態をとる場合においても、実際に公共施設の整備を行う民間事業者を公共施設の管理者として位置づけることができるとされている（公物管理法ではなく業法としての性格を有するとされる）。

　一方で①の類型については、「PFIの対象が、本来行政自身が行うべき公

共施設の整備であることにかんがみれば、個別法に根拠を定めて、公権力の行使も含めた公物管理作用を広くPFIによる民間事業者に委ねるという可能性も存するが、法律上の委任という方式によって民間事業者に公権力の行使の権限を付与する場合には、委任を受けた民間事業者に対する法的規制・監督を前提にせざるを得ないと考えられるため、PFIが本来、契約条項によってのみ民間事業者の義務を定め、その限りでコントロールすることを旨とした制度であることにかんがみると、むしろ整合性を欠くというべきであろう。したがって、公物管理法上、民間事業者自身が公物管理者となり得るように手当がなされた場合にも、公権力の行使の権限を民間事業者が行使するという構成は妥当性を欠くように思われる。」とされている（前掲小幡781頁）。

上記の小幡教授の見解は、平成23年改正前のPFI法についてのものであるが、平成23年改正法では、官民の関係が単なる契約関係を超えて、運営権の設定という行政の設権行為（講学上の特許）により発生されたものであり（倉野・宮沢(4)96頁）、みなし物権として制度化されたことや、欠格事由、取消事由等についても厳格な規定が設けられ、監督の仕組みが整えられたことからすれば、一般的には公物管理法の適用のある公共施設等についても運営権の設定が不可能と考える必要はなく、むしろ、平成23年改正PFI法の趣旨をふまえて、公物管理法とPFI法の関係が整合的に整理されるべきものと考えられる。

この点に関して、基本方針では、次のとおり整理している。

> (3) 個別法において公共施設等の設置、管理、運営の規定がある法律に基づき管理者等が設定されている公共施設等であって利用者から利用料金を徴収するものに対する運営権の設定については、別表のとおりであること。
>   また、個別法において管理者等が設定されていない公共施設等であって利用者から利用料金を徴収するものに対する運営権の設定は可能であること。

（別表） 個別法において公共施設等の設置、管理、運営の規定がある法律に基づき管理者等が設定されている施設であって、利用者から利用料金を徴収するものに対する運営権の設定について

施設	管理者等	根拠法令	公共施設等運営権の設定について
水道施設	水道事業者 水道用水供給事業者	水道法	設定は可能（注）
医療施設	国 地方公共団体 独立行政法人 等	医療法	設定は可能 ただし、医療法第7条第5項の趣旨に照らし、営利を目的とする者が医業本体を事業範囲とすることは認められない。
社会福祉施設	社会福祉事業者	社会福祉関係各法	設定は可能（注）
漁港（プレジャーボート収用施設）	地方公共団体	漁港漁場整備法	設定は可能
中央卸売市場	都道府県又は人口20万人以上の人口を有する市等	卸売市場法	設定は可能
工業用水道事業	地方公共団体 地方公共団体以外の者　等	工業用水事業法	設定は可能（注）
熱供給施設	熱供給事業者	熱供給事業法	設定は可能（注）
駐車場	地方公共団体等	駐車場法	設定は可能
都市公園	地方公共団体等	都市公園法	設定は可能

下水道	地方公共団体	下水道法	設定は可能
道路	地方公共団体等	道路整備特別措置法	地方道路公社の有料道路事業における運営権の設定を可能とする措置を検討
賃貸住宅	地方公共団体等	公営住宅法等	設定は可能
鉄道（軌道を含む）	地方公共団体等	鉄道事業法 軌道法	設定は可能 (注)
港湾施設	地方公共団体等	港湾法	設定は可能
空港	国 地方公共団体 空港会社	航空法 空港法 等	設定は可能
産業廃棄物処理施設	民間事業者 廃棄物処理センター	廃棄物の処理及び清掃に関する法律	設定はなじまない
浄化槽	個人、法人、市町村又は一部事務組合	浄化槽法	設定は可能

(注) 各事業を経営するためには、別途、各事業法に基づく許可等を受けることが必要。

　上記基本方針では、産業廃棄物処理施設について「設定はなじまない」、道路について「地方道路公社の有料道路事業における運営権の設定を可能とする措置を検討」とするほかは、基本的に「設定は可能」としている。これは、公物管理法の対象である下水道、港湾施設、都市公園等についても、運営権の設定が可能であるとして、PFI法で定める公共施設等（同法2条1項）の多くについて運営権設定の道を開くものであり、大きな意義を有する。
　なお、国管理空港および地方管理空港等については、平成25年に「民間の能力を活用した国管理空港等の運営等に関する法律」が成立し、同法に基づ

き、民間事業者に公共施設等運営権を設定することが可能となった。

　もっとも、上記基本方針における「設定は可能」とはいうものの、公物管理法との関係にはなお留意が必要である。公物管理法上、管理者を国・公共団体に限定している場合、民間事業者に運営権を設定することによって、管理者と運営権者との権限分担がどのようになるのかについてはさらに検討が必要である。この点、運営権は物権とみなされることになるところ、物権とは、一定の物を直接に支配して利益を受ける排他的権利とされている（我妻・有泉338頁）。このように物権は排他的権利であり、同一の目的物の上に、一個の物権が成立するときは、これと同一内容の物権が併存することを許さないとされている（我妻・有泉339頁）。

　たとえばある下水道に運営権が設定される場合、運営権者は下水道法上の公共下水道管理者となるのかならないのか、ならない場合、下水道法上は公共下水道管理者に付与された種々の権限[2]は引き続き公共下水道管理者が有し、運営権者にはそれら権限は付与できないのか等の問題を解決する必要がある。

　このような問題について、PFI推進委員会では次のような説明がされている。

【第25回民間資金等活用事業推進委員会議事録（平成23年2月24日開催）8頁】
○事務局　新しい運営権に関して、公共施設等の管理者に代わって自分が料金を取って、自らの事業として行うという事業としてコンセッ

2　下水道法14条1項「公共下水道管理者は、公共下水道に関する工事を施行する場合、第25条の7第2項の規定による通知を受けた場合その他やむを得ない理由がある場合には、排水区域の全部又は一部の区域を指定して、当該公共下水道の使用を一時制限することができる。」として公共下水道管理者に使用制限の権限を付与している。また同法20条は「公共下水道管理者は、条例で定めるところにより、公共下水道を使用する者から使用料を徴収することができる。」とする。そのほか、同管理者には公共下水道の使用に関する種々の権限が付与されている。同法12条の4、12条の5、12条の9Ⅱ、12条の11、13条、18条、18条の2、19条等々。

ションを構成しているわけでございますけれども、この点に関しまして、公物管理法との関係、定義規定のところを見ていただくとわかるんですけれども、これは一体何なのかと言いますと、公共施設等の管理者が元々公共施設を管理する権限を自分で持っているわけでございまして、その自分の持っている権限を一部分け与えるといいますか、はい、では、これをお願いねと言って、自分の権限を民間事業者にあげる、設定する。そうすると、権限を渡された側は、その権限を行使することができる。その権利は物権として構成しますよという形になっておりますので、破るとか破られないという関係ではなくて、まさに公物管理者が持っている公物管理法に基づく権限そのものを、自分が持っているものを民間事業者にあげてくださいという形で構成しております。

　上記の内閣府事務局の説明によれば、個別の公物管理法上、管理者等に管理権限が付与されていたとしても、いわば、PFI法はその特則として働き、運営権者は当該管理権限の設定を受け行使することができるようにも思われる。

　しかし、PFI法が果たしてそのような個別の公物管理法の特則として、いかなる公物管理法上においても管理者等に付与された管理権限を運営権者に設定可能かどうかについては、なお検討が必要である。

　この点について、国土交通省は、下水道ガイドラインを公表し、次のように詳細な解説を行っている。

3.2.2　下水道管理者が有する事業管理の最終責任

　下水道事業の最終責任を負うこと及び事業計画の策定・変更、交付金に係る手続き、公権力の行使等は、管理者の責任として残る。したがって、下水道事業の最終責任は管理者側に残存することか

> ら、外部機関の活用・保管、人材育成や体制の確保に努め、責任を負えるだけの体制を整備することが重要である。また、管理者による運営権者が実施する事業のモニタリングが重要である。

> (1) 管理者の最終責任
> コンセッション方式を用いる場合でも、下水道法第3条に基づき下水道の管理に係る最終的な責任は、管理者が負うこととなる。また、下水道法第4条に定められる事業計画の策定・変更、交付金に係る手続き、公権力の行使等、下水道事業の最終責任は管理者に残る。したがって、管理者は組織・人員体制や経営状況に応じた下水道事業の目的や方針を明らかにした上で、PPP/PFI活用の期待や運営権者に要求する事項を、要求水準書等において、明確化する必要がある。また、事業内容や事業期間の決定に当たっては、将来にわたっての提供すべきサービス内容と水準の変化（高度処理、再生水利用、汚泥利用等）や技術革新の可能性を十分に勘案し、決定すべきである。なお、会計検査については、社会資本整備総合交付金等の交付金申請者である管理者が、責任をもって受検する必要があると考えられる。

上記の下水道ガイドラインのように、運営権者には公物管理法により管理者等に付与された権限のうち、公権力の行使に関する権限は設定することができないし、公物管理法の趣旨にかんがみ、管理者等のみが専属的に保持すべき権限または責任も運営権の対象とはならないものと考えられる。

下水道以外の施設についても、上記下水道ガイドラインを参考に、運営権の範囲や運営権者に要求する事項を、実施方針、要求水準書、運営権実施契約等によって、明確にすることが重要である。

第3節　地方自治体における運営権制度活用時の留意点

1　指定管理者制度と運営権制度の異同

　運営権と類似した制度として、地方自治法上、指定管理者制度が設けられている。地方公共団体が公共施設等に運営権を設定する場合、指定管理者の指定の要否を明らかにする必要がある。
　指定管理者制度と公共施設等運営権制度とを比較すると次のように整理できる。

	事項	指定管理者制度	運営権制度
	根拠法令	地方自治法	PFI法
1	法的性質	行政処分（指定管理者の指定）	行政処分（運営権の設定）
2	管理・運営（利用料金を含む）に関する事項等を何で定めるか	条例（244条の2 I、IX）	条例（18条）、実施方針（17条）、公共施設等運営権実施契約（22条）
3	選定・設定手続	指定管理者の指定をするには、あらかじめ、議会の議決必要（244条の2 VI）	運営権を設定するには、あらかじめ、議会の議決必要（19条IV）
4	利用料金収受権	指定管理者の収入とすることができる	運営権者の使用料金収受権の存在が運営権設定の要件（2条VI、23条I）
5	地方自治体側の監督権限	業務・経理状況報告を求められる。実地調査権。必要な指示をすることができる（244条の2 X）	業務・経理状況報告を求められる。実地調査権。必要な指示をすることができる（28条）

6	利用料金	事前承認制（244条の2 IX）	事前届出制（23条II）
7	費用の徴収	利益の一部を地方公共団体に納付する例あり	可能（運営権対価）（22条）
8	使用許可の権限	条例の定めにより、指定管理者が使用許可の権限を行わせることができる	使用許可権限を付する法令上の根拠はない
9	取消事由	包括的（指定管理者が指示に従わないときその他当該指定管理者による管理を継続することが適当でないと認めるとき244条の2第11項）	法令違反や管理者の指示に従わない場合等の限定列挙（29条）
10	地位・権利の譲渡の可否	指定管理者の地位譲渡制度はない。指定の取消しと新規指定による	譲渡可能（25条）。原則として議会議決必要だが、条例で特別の定めがあればこの限りではない（26条）
11	物権性・登録制度	なし	あり（24条、27条）
12	抵当権の設定	想定していない	可能（25条）
13	補償制度	想定していない	あり（30条）

　上記のように二つの制度を比較すると、選定・設定のための手続としては、いずれも議会の議決が必要であるし（上記3）、地方自治体側の監督権限もまったく同様である（上記5）。

　また、管理・運営内容の定めについては、指定管理者が条例において定めるとされるのに対して、公共施設等運営権者については、条例、実施方針、公共施設等運営権実施契約という二重、三重の手当が施されている（上記2）。

　費用の徴収については、運営権では法令上徴収可能であることが明文化されている。なお指定管理者制度においても利益の一部を地方公共団体に納付する例があるとのことである（研究報告書10頁）。

　他方、地位・権利の譲渡は運営権では可能であるのに対して、指定管理者

では不可となっている（上記10）。また、権利公示のための登録制度、抵当権の設定制度、補償制度などについては（上記11～13）、指定管理者制度では存しないが、運営権者には認められることから、この点では、運営権のほうがより民間事業者に厚い手当が施されているといえる。

他方、取消事由については、指定管理者制度では「指定管理者が指示に従わないときその他当該指定管理者による管理を継続することが適当でないと認めるとき」という包括的・抽象的基準により取り消される可能性があるが（地方自治法244条の2第11項）、運営権制度では偽りその他不正の方法により運営権者となったときや、指定した期間内に運営事業を開始しなかったとき等、具体的に明示された事由に該当しない限り、取り消されるものではなく（PFI法29条1項）、また、取消しにあたっては、事前に聴聞の手続を経なければならないとされており（同条2項）、民間事業者の保護、予測可能性がより徹底されているということができる。

利用料金（上記6）については、指定管理者が事前承認制であるのに対して公共施設等運営権者の場合には事前届出制となっているが、これは民間の創意工夫をよりいっそう引き出そうという趣旨であり、地方自治体側のコントロールは利用料金制の内容、基準を事前に条例、実施方針、実施契約で定めることで十分可能であることからすれば、事前届出制をもってコントロールの可能性が低下したと考えるべきではなく、むしろ、民間の創意工夫を引き出すという改正PFI法の趣旨が尊重されるべきである。

このように両制度を比較すると、運営権が指定管理者制度に比べて民間事業者の権利性をより明確にしており、これにより、民間事業者の創意工夫を引き出す仕組みということができる。また、条例、実施方針、実施契約、議会の議決等々による管理者側の民間事業者へのコントロールも可能であり、指定管理者制度と比べてもこの点で遜色はない。

特に利用料金について指定管理者制度では事前承認制をとっており、民間事業者側の裁量が大きく制限される可能性があること、指定管理者制度では取消事由が抽象的であり、民間事業者側からすると、いつ取消しがなされる

かもしれないというリスクを負うことになり事業計画が立てにくくなること等にかんがみると、運営権一本での施設運用が可能となることが望ましいといえる。

2　指定管理者の指定の要否

　上記のとおり、運営権制度は指定管理者制度と同等の管理者等による民間事業者のコントロールが可能であり、運営権制度のほうがより民間の創意工夫を引き出すことが可能な仕組みということができる。また、両制度を併用すると、実務のフローが非常に複雑になり、それだけ費用増となる可能性がある。そこで、運営権制度のみで施設を適切に運営可能であればそれが望ましいといえる。そこで、どのような場合には、指定管理者の指定が必要となるのかを考えてみたい。

　この点について、研究報告書においても、地方自治体が所有する公の施設に運営権を設定する場合、必ず、重ねて指定管理者の指定を行う必要があるとはされていない。

　同報告書11頁以下では、次のように述べられている。

> 指定管理者制度では、指定管理者が使用許可を行うことができる点が、運営権制度と比較した特徴と言える。公の施設について、従来のPFIや運営権制度を適用する場合、一連の業務のうちには、建設・改修・修繕・ソフト事業の企画など契約に基づいて実施されるものとともに、施設の使用許可など行政行為によって行われるものが存在する。
> そうした場合には、PFI事業契約又は運営権に基づいては行うことができないとされている利用に係る処分等の業務について、指定管理者制度を適用することで、はじめて民間事業者が公の施設の管理業務を一体的にできることとなる。
> また、指定管理者が施設の使用許可などの行政処分をする場合に、その

処分に対する審査請求の規定が地方自治法に整備されており（地方自治法第244条の4第3項）、利用者の権利救済が図られている。

■公の施設における民間事業者の業務範囲

	従来のPFI	公共施設等運営権	指定管理者
事実上の業務	○	○	○
定型的行為	○	○	○
使用料の収入の徴収	○	○	○
ソフト面の企画	○	○	○
利用料金の収受	×	○	○
利用料金の設定	×	○	○
施設の使用許可	×	×	○

　研究報告書によれば、運営権者が使用許可の権限を行使する必要がある場合には、指定管理者の指定を受ける必要があるが、その必要がない場合には、指定管理者の指定は不要と整理することが可能である。

　そこで、ポイントは、当該運営業務に使用許可権限を行使する必要があるかどうかの見極めということになる。そして、ここで運営事業のために使用許可の権限が必要な場合とはいかなる場合かを考えると、公共施設等を特定の第三者に一定の期間（数時間のこともあれば、数日、数カ月、数年のこともある）独占的に使用させる場合が想起される。たとえば、公園や文化ホールをコンサート等の催し物のために使用させる、会議室を特定の時間、第三者の会議のために使用させる、施設の一部を飲食店やアパレル等のテナントに使用させるといったことが考えられる。しかし、このような施設を第三者に使用させることについては、使用許可という行政処分によらなくても、契約によって実現することが可能である。すなわち、施設の賃貸借契約等の利用に関する契約を締結して、施設を使用させ、その対価として賃料や利用料を得るというスキームである。したがって、賃貸借契約その他の利用に関する契

約によらずに使用許可による必要があるのは、個別の公物管理法で施設を利用者に利用させるためには使用許可が必要とされている場合等に限られるのではないかと考えられる。

この点に関連して、実務上は、丹波空港や関西国際空港の事案において、指定管理者制度を用いる必要はないとの見解が示されており、参考になる。

> 空港事業については、施設の使用の制限等は私法上の権限に根拠を置いており、「利用に係る処分」を民間事業者に行わせる場面が想定されないことから、指定管理者制度の併用は必要がないと整理しているところ。
> （「コンセッション制度の利活用を通じた成長戦略の加速」フォローアップ分科会　竹中平蔵）

> 地方管理空港については、兵庫県がコウノトリ但馬空港に公共施設等運営権を設定することを目指し、本年２月に実施方針にかかる条例として「兵庫県立但馬飛行場の設置及び管理に関する条例」を改正した。条例の改正に際して、国土交通省と相談の上で民間の能力を活用した国管理空港等の運営等に関する法律第11条第２号に規定する地方管理空港運営権者が同法第２条第６項に規定する地方管理空港運営事業を行う場合に、指定管理者制度を使用する必要はないとの整理がなされている。
> （研究報告書13頁）

上記の両見解について、筆者（内藤・木田）が国交省および総務省の担当部局に質問を行ったところ、その回答は次のようなものであった。

> 質問：分科会における質問回答において、空港事業については施設の使用制限等は私法上の権限に根拠を置いており、利用に係る処分を民間

事業者に行わせる場面が想定されないことから、指定管理者制度の併用は不要とあるが、どのような趣旨か教えて頂きたい。

国交省航空局

回答：空港については、省令で空港管理規則を制定しているが、省令の形を採っているものの、法令の授権に基づき管理規則を制定しているという整理は取っておらず、国・地方公共団体の所有権その他の私法上の権利に基づき、立入制限などを定めている（そのため管理規則は利用者との「契約」的な位置付けである）。

公共施設運営権者においても、運営権と、運営権の範囲に含まれない使用貸借契約に基づき、第三者に空港を利用させることができるが、この際に、空港の利用制限などを行うことは、上記の国・地方公共団体の私法上の権限を根拠とし、行政処分の代替でないことから、「利用に係る処分」を民間事業者に行わせることにはならない。

したがって、指定管理者制度の併用は不要であると整理している。

〈参考〉 空港管理規則（昭和27年7月3日運輸省令第44号）

総務省行政経営支援室

■回答内容

ア 空港については国・地方公共団体の所有権その他の私法上の権利に基づき、立入制限などを定めている（いわゆる営造物管理権）。地方空港については、これに加え、地方自治法244条の2の適用もある。空港法・航空法においては、空港管理者が空港供用規程などの管理規程を定めることとされている（空港法12条など）。

イ 公共施設等運営権においては、管理規程については、民間事業者が定めることになっている（民間の能力を活用した国管理空港等の運営等

第2章 公共施設等運営権に関する法令・ガイドライン等の解説 47

に関する法律）。

　ウ　以上のように、法律の立付として、空港における利用制限等は私法上の権利に基づくとされ、また、法律上、公共施設等運営権においては、利用制限等に関する管理規程については民間事業者（運営権者）が定めるとされ、この規定にしたがって空港の利用制限等を行うことになっているので、別途指定管理者の制度の併用は不要と整理している。

　エ　以上については、国交省から本年8月に全国の地方空港宛てに出した通知にもとづき回答している。

　上記地方空港宛通知について、筆者（内藤）が情報開示請求を行った結果、次のような内容であるとの開示を受けた（なお、下記は北海道総合政策部航空局宛てであるが、他の地方空港宛てにも同様の通知がなされている。以下、これらの通知を「航空局通知」という）。

　　　　　　　　　　　　　　　　　　　　　　　　国航ネ企第74号
　　　　　　　　　　　　　　　　　　　　　　　平成26年8月18日
北海道総合政策部航空局参事　殿
　　　　　　　　　　　　　　　　国土交通省航空局航空ネットワーク部
　　　　　　　　　　　　　　　　　　　　航空ネットワーク企画課長

「民間の能力を活用した国管理空港等の運営等に関する法律」に基づく地方管理空港特定運営事業の実施に係る「地方自治法」に基づく指定管理者制度の取扱いについて

航空行政については、平素から格段の御配意を賜り厚く御礼申し上げます。
平成26年6月16日に民間資金等活用事業推進会議にて決定された「PPP/PFIの抜本改革に向けたアクションプランに係る集中強化期間の取組方針」において、公共施設等運営権制度と指定管理者制度との適用関係について、必要な通知の発出及びガイドライン・手引きの改正等による解釈の明確化を行うこととされたことから、民間の能力を活用した国管理空港等の運営等に関する法律（平成25年法律第67号）第2条第6項に規定する地方管理空港特定運営事業の

実施に係る指定管理者制度の適用について整理を行いましたので、別紙のとおりお知らせいたします。
【参考】
○PPP/PFIの抜本改革に向けたアクションプランに係る集中強化期間の取組方針について（平成26年6月16日民間資金等活用事業推進会議決定）（抜粋）
3　集中強化期間における重点的な取組
　<u>公共施設等運営権制度と指定管理者制度との適用関係</u>、公共施設等運営権設定時の地方公共団体側の業務の地方公営企業法上の取扱、運営権者への公務員の出向等及び下水道分野における公共施設等運営権制度を活用したPFI事業に対する地方公共団体向けの国庫補助制度の適用等の関連制度について、<u>必要な通知の発出及びガイドライン・手引きの改正等による解釈の明確化</u>

【別紙】
地方管理空港特定運営事業における指定管理者の取扱いについて

民間の能力を活用した国管理空港等の運営等に関する法律（平成25年法律第67号。以下「民活空港運営法」という。）第11条第2項に規定する地方管理空港運営権者が、同法第2条第6項に規定する地方管理空港特定運営事業を行う場合、地方自治法（昭和22年法律第67号）第244条の2第3項に規定する指定管理者としての指定の必要性については、以下のとおりとしたい。
1．民間資金等の活用による公共施設等の整備等の促進に関する法律（平成11年法律第117号。以下「PFI法」という。）第2条第7項に規定する公共施設等運営権の制度創設時の整理によれば、指定管理者には「公の施設の利用に係る処分の権限」が付与される一方で、公共施設等運営権者には付与されないことから、運営事業において当該権限に基づく行為を行う必要がある場合には指定管理者制度に基づいた手続を行う必要があるとされている。
2．民間の能力を活用した地方管理空港の運営等は、PFI法による公共施設等運営権を設定した場合に限り、地方管理空港特定運営事業として実施することができる（民活空港運営法第10条）。そして、この地方管理空港特定運営事業では、PFI法上の公共施設等運営事業を前提として、以下の各事業を実施することとされている（民活空港運営法第2条第6項）。
　①　空港の運営等であって、着陸料等を自らの収入として収受するもの
　②　空港航空保安施設の運営等であって、使用料金を自らの収入として収受するもの
　③　空港の周辺における航空機の騒音その他の航空機の運航により生ずる障害を防止するため、又は空港の周辺における生活環境の改善に資するために行う事業

> ④ 前三号の事業に附帯する事業
> 　このうち①については、空港においてPFI法に規定する公共施設等運営事業を実施するものであるが、②ないし④については、当該事業に加えて、民活空港運営法上の地方管理空港特定運営事業として実施することができるものである。
> 3．ところで、一般に空港の構内において営業を規制し、空港内の施設の使用を制限する等の管理の作用は、当該施設についての所有権その他の私法上の権原（営造物管理権）に根拠を置いているが、公の施設である地方管理空港においては、地方自治法第244条の2が適用されることから、これらを踏まえた整理が必要となる。
> 　まず、空港の具体的な管理の方法については、空港の設置・管理者に対して、空港法第12条において空港利用者の遵守すべき事項等を定める空港供用規程、航空法第47条の2において空港の保安を確保するために遵守すべき事項等を定める空港保安管理規程を策定すべきことが定められている。さらに、当該空港が地方管理空港である場合には、空港供用規程及び空港保安管理規程とあわせて、地方自治体において当該地方管理空港の設置及び管理に関する条例が制定されている。
> 　一方、空港の管理について公共施設等運営権が設定された場合には、民活空港運営法において空港法及び航空法の特例が定められ、空港の設置・管理者に代わって空港運営権者が空港供用規程及び空港保安管理規程を策定することとされており、これにしたがって自ら管理の作用を行うこととなる。さらに、当該空港が地方管理空港である場合には、地方自治体において、設定された運営権に従って地方管理空港運営権者が管理の作用を行うことを踏まえた必要な条例の規定の整備を行うこととなる。
> 4．したがって、地方管理空港運営権者が地方管理空港特定運営事業を行う場合について、別途指定管理者制度を適用する必要はない。

　この航空局通知は、地方管理空港が公の施設である場合であっても、民活空港運営法に基づき運営権者がその運営権の行使として当該空港を管理することができるから、指定管理者の指定は不要と整理しているようにも読めるが、かかる整理が、前記竹中見解の「空港における利用制限等は私法上の権利に基づくとされ、また、法律上、公共施設等運営権においては、利用制限等に関する管理規程については民間事業者（運営権者）が定めるとされ、この規定にしたがって空港の利用制限等を行うことになっているので、別途指

定管理者の制度の併用は不要」という整理と一致しているのかは不明である。しかし、運営権制度と指定管理者制度とを併用することなく、運営権制度のみで地方管理空港の管理が行いうるとの整理は実務上大変有益であり、歓迎したい。今後はかかる整理が地方管理空港だけではなく、他の地方自治体における公の施設にも同様に通用することを期待したい。

3 指定管理者制度と運営権制度を併用する場合の条例について

研究報告書の第3章3では、指定管理者制度と運営権制度を併用する場合の条例案（運営権制度の実施方針に関する条例（PFI法18条）と指定管理者の指定及び利用料金に係る条例（地方自治法244条の2第3項～5項）を一つの条例として制定する例）を次のとおり、示している。

研究報告書における条例案

○○市市民文化会館条例

第1章　設置及び管理
（設置）
第1条　芸術文化の振興を図り、市民の福祉の増進及び芸術文化の向上に寄与するため、○○市市民文化会館ホール（以下「文化会館」という。）を○○市に設置する。
（事業）
第2条　文化会館は、次の事業を行う。
(1)　市民の芸術文化活動及び集会のための施設の提供
(2)　市民の演劇、音楽その他の芸術文化の向上を図るための事業
(3)　その他文化会館の設置の目的を達成するために必要な事業
（施設）
第3条　前条に掲げる事業を行うため、文化会館に次の施設を置く。
(1)　大ホール
(2)　小ホール

(3)　リハーサル室
　(4)　楽屋
（開館時間等）
第4条　文化会館の開館時間及び休館日は、規則で定める。

第2章　指定管理者
（指定管理者の指定等）
第5条　次に掲げる文化会館の管理に関する業務は、地方自治法（昭和22年法律第67号）第244条の2第3項の規定により、指定管理者（同項に規定する指定管理者をいう。以下同じ。）に行わせるものとする。
　(1)　文化会館の施設及び附帯設備の利用の許可等に関すること。
　(2)　第2条に規定する事業の実施に関すること。
　(3)　文化会館の施設及び設備の維持管理に関すること。
　(4)　その他市長が定める業務
2　市長は、指定管理者を指定しようとするときは、特別の事情があると認める場合を除き、公募するものとする。
3　指定管理者の指定を受けようとするものは、事業計画書その他規則で定める書類を市長に提出しなければならない。
4　市長は、前項の規定により提出された書類を審査し、かつ、実績等を考慮して、文化会館の設置の目的を最も効果的に達成することができると認めたものを指定管理者として指定する。
（利用の許可）
第6条　第3条に掲げる施設を利用しようとする者は、指定管理者の許可を受けなければならない。
2　指定管理者は、前項の許可に文化会館の管理上必要な条件を付けることができる。
3　指定管理者は、文化会館の利用が次のいずれかに該当する場合は、利用を許可しないものとする。
　(1)　文化会館における秩序を乱し、又は公益を害するおそれがあるとき。
　(2)　文化会館の設置の目的に反するとき。
　(3)　その他文化会館の管理上支障があるとき。
（附帯設備等の許可）
第7条　前条第11項の規定により許可を受けた者（以下「利用者」という。）で、文化会館の附帯設備を利用しようとするもの及び文化会館に特別な照明装置、音響装置その他市長が定める設備（以下「特別の設備」という。）を設置しようとするものは、指定管理者の許可を受けなければならない。
2　前条第2項及び第3項の規定は、前項の許可について準用する。

3　文化会館に特別の設備を設置した者は、文化会館の利用を終了したときは、直ちに、当該設備を撤去し、原状に復さなければならない。第13条の規定により許可を取り消され、又は利用を停止された場合も、同様とする。
（物品販売等の許可）
第8条　文化会館において、次に掲げる行為をしようとする者は、指定管理者の許可を受けなければならない。
　(1)　物品の販売その他これに類する行為
　(2)　寄附の勧誘
　(3)　広告物の掲示及び配布
　(4)　その他規則で定める行為
2　第6条第2項及び第3項の規定は、前項の許可について準用する。
（許可申請の手続）
第9条　第6条第1項、第7条第1項及び前条第1項の許可の申請の手続について必要な事項は、規則で定める。
（利用料金）
第10条　利用者は、指定管理者に対し、その利用に係る料金（以下「利用料金」という。）を支払わなければならない。
2　利用料金は、別表に定める額の範囲内において、指定管理者が市長の承認を得て定めるものとする。
3　利用料金は、前納とする。ただし、必要があると認められる場合又は規則で定める場合は、指定管理者は、後納とすることができる。
（利用料金の減免）
第11条　指定管理者は、必要があると認められる場合又は規則で定める場合は、利用料金の全部又は一部を免除することができる。
（利用料金の不返還）
第12条　既納の利用料金は、返還しない。ただし、必要があると認められる場合又は規則で定める場合は、指定管理者は、その全部又は一部を返還することができる。
（許可の取消し等）
第13条　指定管理者は、利用者及び第8条第1項の規定により許可を受けた者が次のいずれかに該当する場合は、第6条第1項、第7条第1項及び第8条第1項の規定による許可を取り消し、又は文化会館の利用を制限し、若しくは当該利用及び行為を停止させることができる。
　(1)　第6条第3項各号のいずれかに該当するに至ったとき。
　(2)　この条例若しくはこの条例に基づく規則の規定又はこれらに基づく指定管理者の処分に違反したとき。
　(3)　この条例に基づく許可の条件に違反したとき。

（入館の制限）
第14条　指定管理者は、文化会館の入館者が次のいずれかに該当する場合は、入館を拒み、又は退館を命ずることができる。
⑴　他の入館者に迷惑をかけ、又は迷惑をかけるおそれがあるとき。
⑵　その他文化会館の管理上支障があるとき。

（指定の取消し）
第15条　市長は、第16条第４項の規定により指定管理者に公共施設等運営権（民間資金等の活用による公共施設等の整備等の促進に関する法律（平成11年法律第117号。以下「PFI法」という。）第２条第７項に規定する公共施設等運営権をいう。以下同じ。）を設定した場合は、PFI法第29条第１項の規定により当該公共施設等運営権を取消すときに限り、指定管理者の指定を取消すことができる。

第３章　公共施設等運営権
（公共施設等運営権の設定等）
第16条　次に掲げる文化会館の運営に関する業務は、公共施設等運営権者（PFI法第９条第４項に規定する公共施設等運営権者をいう。以下同じ。）に行わせるものとする。
⑴　第２条に規定する事業の実施に関すること
⑵　文化会館の施設及び設備の維持管理に関すること
⑶　その他市長が定める業務
２　市長は、公共施設等運営権を設定しようとするときは、特別の事情があると認める場合を除き、公募するものとする。
３　公共施設等運営権の設定を受けようとするものは、事業計画書その他規則で定める書類を市長に提出しなければならない。
４　市長は、前項の規定により提出された書類を審査し、かつ、実績等を考慮して、文化会館の設置の目的を最も効果的に達成することができると認めたものに公共施設等運営権を設定する。

（利用料金）
第17条　利用者は、公共施設等運営権者に対し、その利用に係る料金（以下「利用料金」という。）を支払わなければならない。
２　利用料金は、別表に定める額の範囲内において、公共施設等運営権者が定め、市長に届出るものとする。
３　利用料金は、前納とする。ただし、必要があると認められる場合又は規則で定める場合は、公共施設等運営権者は、後納とすることができる。

（利用料金の減免）
第18条　公共施設等運営権者は、必要があると認められる場合又は規則で定め

> る場合は、利用料金の全部又は一部を免除することができる。
> （利用料金の不返還）
> 第19条　既納の利用料金は、返還しない。ただし、必要があると認められる場合又は規則で定める場合は、公共施設等運営権者は、その全部又は一部を返還することができる。
> （公共施設等運営権の移転の特例）
> 第20条　公共施設等運営権の移転を受ける者が、議会の議決を経て定める要件に該当する場合には、PFI法第26条第4項による許可を行う際に、議会の議決を要しない。
> 2　市長は、前項の規定により公共施設等運営権の移転を許可したときは、これを議会に報告しなければならない。
>
> 第4章　委任
> （委任）
> 第21条　この条例に定めるもののほか、この条例の施行に関し必要な事項は、規則で定める。

　上記条例案は、主として次のような点を配慮して策定されたようである（研究報告書41頁）。

> ①　既往の条文の変更を極力少なくし、簡易な形での対応を図る。
> ②　運営権制度を適用しない場合があることも考慮し、運営権制度に係る条文は追記等の形式で対応する。

　上記の趣旨は理解できるところである。
　ただし、たとえば、利用料金についてその収受権者が上記条例案10条1項では指定管理者とされる一方で、同17条1項では運営権者とされており、その調整条項もないが、そうであれば、むしろ、運営権者のみに収受権限を集約したほうが法的にも利用者側からしても簡潔で理解がしやすいのではないかとも思われる。この点、仮に指定管理者制度と運営権制度を併用する場合であっても、地方自治法244条の2第8項は、指定管理者への利用料金収受権について「普通公共団体は、適当と認めるときは、指定管理者にその管理

する公の施設の利用に係る料金を当該指定管理者の収入として収受させることができる。」としているにとどまり、必ず、収受させなければならないとしているわけではない。他方で運営権については、PFI法2条6項で「利用料金を徴収するものに限る。」とされ、必ず利用料金を徴収しなければならないことになっている。このような関係からすれば、利用料金の徴収権限は運営権者に集約するのがわかりやすいと考えられる。

　また、上記条例案17条2項では、利用料金は運営権者が定め、市長に届け出るものとするとし、「届出制」で足りることを規定している一方で同10条2項は、利用料金は指定管理者が市長の承認を得て定めるとし、「事前承認制」を規定している。結局は事前承認が必要となるわけであるが、この点も上記の収受権と同様、指定管理者に利用料金の決定権を付与せず、運営権者にのみ付与すれば「届出制」で足りることになりPFI法の趣旨により適うことにもなるし、利用者からみてもわかりやすいといえる。そして地方自治法244条の2第9項は、「前項の場合（指定管理者に利用料金を収受させる場合：筆者）における利用料金は、……指定管理者が定める。」としているのであって、指定管理者に利用料金を収受させない場合には、特に事前承認制を得る必要もないと解釈できる余地があることからも、法的にも上記のような整理が許容されるのではないかとも考えられる。

4　運営権制度のみを利用する場合の条例

　PFI法およびガイドラインにより、公共施設等の管理者等において、実施方針策定前の段階で次の事項を条例に定める必要があるとされている。
① 　民間事業者の選定の手続⇒申請の方法や選定基準など（PFI法18条2項、ガイドライン2(1)2.(3)①）
② 　公共施設等運営権者が行う公共施設等の運営等の基準⇒休館日や開館時間等業務運営の基本的事項（PFI法18条2項、ガイドライン2(1)2.(3)②）
③ 　公共施設等運営権者が行う業務の範囲⇒事業者に行わせようとする業務

（PFI法18条2項、ガイドライン2⑴2.⑶③）
④ 利用料金に関する事項⇒上限等の利用料金の基本的枠組み（PFI法18条2項、ガイドライン2⑴2.⑶④）
⑤ その他必要な事項（PFI法18条2項）

　この点、わが国初の運営権設定の事例となった但馬飛行場については、次のような条例が定められており、参考になる。これは運営権が設定される以前より長く存在していた条例であるが、運営権設定を想定して、平成26年に25条と26条が加えられたものである。

　同26条によると、本条例に基づく知事の権限は、指定管理者の指定、運営権者の選定、罰則を除き、すべて、運営権者が行使することができるとされている点、なかでも特に、5条の利用許可権限も26条によって運営権者に付与されている点は注目されるべき重要な点である。

兵庫県立但馬飛行場の設置及び管理に関する条例

（設置）
第1条　航空機による旅客又は貨物の運送の用に供し、もって県内の航空交通の推進を図るため、兵庫県立但馬飛行場（以下「飛行場」という。）を置く。
（位置）
第2条　飛行場の位置は、豊岡市上佐野とする。
（運用時間）
第3条　飛行場の運用時間（飛行場を航空機の離着陸に供用する時間をいう。以下同じ。）は、飛行場の施設の利用の状況等を勘案して、知事が定める時間とする。
2　知事は、定期便の遅延、飛行場の施設の建設工事等のため必要があると認めるときは、前項の規定にかかわらず、運用時間を変更することができる。
（利用の届出等）
第4条　航空機の離着陸又は停留のため飛行場の施設を利用しようとする者は、あらかじめ、規則で定めるところにより、知事に届け出なければならない。届出事項を変更しようとするときも、同様とする。
2　知事は、前項の規定による届出があった場合において、その届出に係る事項の変更を命ずることができる。

（運用時間外の利用の許可）
第5条　飛行場の運用時間外に航空機の離着陸のため飛行場の施設を利用しようとする者は、あらかじめ、規則で定めるところにより、知事の許可を受けなければならない。
2　知事は、前項の許可に飛行場の管理上必要な条件を付することができる。
（重量制限）
第6条（中略）
第7条　第3条から前条までに定めるもののほか、航空機の離着陸の方法、気象観測の方法その他飛行場の運用に関して必要な事項は、規則で定める。
（航空保安施設の管理）
第8条　飛行場の航空保安施設の管理に関して必要な事項は、知事が定める。
（停留等の制限）
第9条　利用者は、知事の定める場所以外の場所において航空機を停留させ、又は旅客を乗降させ、若しくは貨物を積み卸してはならない。
（給油作業等の制限）
第10条　（中略）
（入場の制限等）
第11条　知事は、混雑の予防その他飛行場の管理上必要があると認めるときは、飛行場への入場を制限し、又は禁止することができる。
（立入りの制限）
第12条　着陸帯、誘導路、エプロンその他知事が指定する制限区域（以下「制限区域」という。）には、次に掲げる者を除き、立ち入ってはならない。
　(1)　航空機の乗組員及び旅客
　(2)　飛行場に勤務する者
　(3)　前2号に掲げるもののほか、知事が必要と認める者
（車両の使用又は取扱いの制限）
第13条　車両の使用又は取扱いをする者は、制限区域において車両を運転し、又は知事が定める駐車場以外の場所において車両を駐車し、修理し、若しくは清掃してはならない。ただし、知事が必要があると認めるときは、この限りでない。
（禁止行為）
第14条　何人も、飛行場においては、次に掲げる行為をしてはならない。
　(1)　飛行場の施設を損傷し、又は汚損すること。
　(2)　知事の許可を受けないで爆発物又は危険を伴う可燃物を携帯し、又は運搬すること。
　（中略）
　(7)　前各号に掲げるもののほか、飛行場の管理上支障がある行為をするこ

と。
（利用の許可等）
第15条　飛行場の施設を利用しようとする者は、あらかじめ、規則で定めるところにより、知事の許可を受けなければならない。ただし、第4条又は第5条の規定による飛行場の施設の利用その他規則で定める飛行場の施設の利用については、この限りでない。
2　知事は、前項の許可に飛行場の管理上必要な条件を付することができる。
3　前2項の規定は、第1項の許可に係る飛行場の施設の利用の態様又は目的の変更について準用する。
（使用料）
第16条　利用者は別表第1に定める使用料を、前条第1項（同条第3項において準用する場合を含む。以下同じ。）の規定により別表第2に掲げる飛行場の施設の利用の許可を受けた者は同表に定める使用料を納めなければならない。
（使用料の免除）
第17条　知事は、特別の理由があると認めるときは、前条の使用料の全部又は一部を免除することができる。
（使用料の不還付）
第18条　既に納めた使用料は、返還しない。ただし、知事が特別の理由があると認めるときは、その全部又は一部を返還することができる。
（許可の取消し等）
第19条　知事は、次の各号のいずれかに該当する者に対して、この条例の規定によってした許可の全部又は一部を取り消し、その効力を停止し、若しくはその条件を変更し、又は行為の中止その他必要な措置を命ずることができる。
(1)　この条例若しくはこの条例に基づく規則の規定又はこれらの規定に基づく処分に違反した者
(2)　偽りその他不正な手段によりこの条例の規定による許可を受けた者
(3)　この条例の規定により許可に付した条件に違反した者
(4)　前3号に掲げるもののほか、飛行場の管理上支障がある行為をした者
（検査）
第20条　知事は、飛行場の管理上必要があると認めるときは、この条例の施行に必要な限度において、その職員に第15条第1項の許可を受けた者が設置した施設又は当該許可を受けた者が利用する飛行場の施設に立ち入ってその利用状況を検査させることができる。
（原状回復の義務）
第21条　利用者及び第15条第1項の許可を受けた者は、その責めに帰すべき理

由により飛行場の施設を滅失し、又は損傷したときは、知事の指示に従い、直ちにこれを原状に回復し、又はこれに要する費用を負担しなければならない。
2 　第15条第１項の許可を受けた者は、当該許可に係る飛行場の施設の利用を終えたとき、又は第19条の規定により許可を取り消されたときは、知事の指示に従い、直ちにこれを原状に回復し、又はこれに要する費用を負担しなければならない。ただし、知事がその義務を免除したときは、この限りでない。
　（損害の賠償）
第22条　飛行場の施設を滅失し、又は損傷した者は、その損害を賠償しなければならない。
　（指定管理者による管理）
第23条　知事は、地方自治法（昭和22年法律第67号。以下「法」という。）第244条の２第３項の規定により、別表第３に掲げる飛行場の施設その他規則で定める飛行場の施設の管理を指定管理者（同項に規定する指定管理者をいう。以下同じ。）に行わせる。
　（利用料金）
第24条　第15条第１項の規定により別表第３に掲げる飛行場の施設の利用の許可を受けた者は、当該施設の利用に係る料金（以下「利用料金」という。）を納めなければならない。
2 　利用料金は、指定管理者にその収入として収受させる。
3 　利用料金の額は、別表第３に定める基準額に0.5を乗じて得た額から当該基準額に1.5を乗じて得た額までの範囲内の額で、指定管理者が知事の承認を受けて定めるものとする。ただし、利便施設について、公募に付して、価格その他の条件が最も有利なものをもって申込みをした者に利用させる場合にあっては、その者の申込みに係る価格に相当する額とする。
4 　指定管理者は、知事の承認を受けた基準により、利用料金の全部又は一部を免除することができる。
5 　指定管理者が既に収入として収受した利用料金は、返還することができない。ただし、指定管理者は、知事の承認を受けた基準により、その全部又は一部を返還することができる。
　（公共施設等運営権を設定する場合の特例）
第25条　知事は、民間資金等の活用による公共施設等の整備等の促進に関する法律（平成11年法律第117号）第16条の規定により、選定事業者（同法第２条第５項に規定する選定事業者をいう。以下同じ。）に飛行場の運営等（同条第６項に規定する運営等をいう。以下同じ。）に係る公共施設等運営権（同条第７項に規定する公共施設等運営権をいう。以下同じ。）を設定するこ

とができる。
2　前項の規定により公共施設等運営権を設定することができる選定事業者は、規則で定めるところにより知事に申請を行った民間事業者が次に掲げる基準に適合すると知事が認めた場合に選定するものとする。
　⑴　飛行場の運営等に関する計画が当該運営等に係る業務の適正かつ確実な実施のために適切なものであること。
　⑵　飛行場の運営等を適正かつ確実に実施するために必要な経理的基礎及び技術的能力を有する者であること。
第26条　この条例（第23条、前条及び第28条を除く。）の規定に基づく知事の権限は、前条第1項の規定により公共施設等運営権を設定した選定事業者（以下「運営権者」という。）が行うものとし、この場合における飛行場の運営等の基準及び業務の範囲は、規則で定める。
2　前項に規定する場合においては、第16条及び第24条の規定にかかわらず、利用者又は第15条第1項の規定により飛行場の施設の利用の許可を受けた者は、当該施設の利用に係る料金を納めなければならない。
3　前項の料金は、運営権者にその収入として収受させる。
4　第2項の料金の額は、運営権者が定めるものとする。
5　運営権者は、第2項の料金の全部又は一部を免除し、又は返還することができる。
（補則）
第27条　この条例に定めるもののほか、飛行場の管理に関して必要な事項は、規則で定める。
（罰則）
第28条　次の各号のいずれかに該当する者は、5万円以下の過料に処する。
　⑴　第4条第1項の規定による届出をせず、又は虚偽の届出をした者
　⑵　第4条第2項又は第19条の規定による命令に違反した者
　⑶　第5条第1項、第6条第1項ただし書又は第15条第1項の許可を受けないでこれらの規定による行為をした者
（以下、略）

第4節 運営権の対価（費用の徴収）

PFI法17条（公共施設等運営権に関する実施方針における記載事項の追加）

公共施設等の管理者等は、公共施設等運営権が設定されることとなる民間事業者を選定しようとする場合には、実施方針に、第5条第2項各号に掲げる事項のほか、次の掲げる事項を定めるものとする。
（中略）
　　四　第20条の規定により費用を徴収する場合には、その旨（あらかじめ徴収金額を定める場合にあっては、費用を徴収する旨及びその金額）

PFI法20条（費用の徴収）

公共施設等の管理者等は、実施方針に従い、公共施設等運営権者（公共施設等運営権に係る公共施設等の建設、製造又は改修を行っていない公共施設等運営権者に限る。）から、当該建設、製造又は改修に要した費用に相当する金額の全部又は一部を徴収することができる。

　PFI法17条および20条では、管理者等が運営権者から当該施設の建設、製造または改修に要した費用に相当する金額を徴収することができると定めている。しかし、同条は建設、製造または改修に要した費用以外の名目の金員を運営権者から徴収してはならないことを意味するものではなく、ガイドラインによれば広く運営権の対価を徴収することが可能とされている。
　具体的には、運営権の対価については、次のようなポイントにまとめることができる（ガイドライン7参照）。

(1) 運営権対価・費用徴収の要否

運営権の対価、費用は、事例の性質に応じて徴収することもしないこともある。

(2) 運営権対価の対象

建設、製造または改修に要した費用以外でも運営権の対価として徴収することは可能である。特に運営権設定時での一括支払ではなく、運営権設定期間中、分割で同額を支払う場合は、地上権における地代と同様の性質を有することもありうるものと考えられる。

(3) 運営権対価の特定

ガイドラインによると運営権価格は一に定まり、固定価格と考えられるとされている（ガイドライン7(1)2−1.(5)）。しかし、他方でガイドラインは、「運営権対価とは別途にプロフィット・シェアリング条項等を設けることが考えられる」とし、「これは各事業年度の収益があらかじめ規定された基準を上回った場合に、その程度に応じて運営権者から管理者等に金銭を支払う条項」としている（ガイドライン7(1)2−1.(8)）。

しかし、収益があらかじめ規定された基準を上回った場合にその程度に応じて支払う金銭は通常の経済社会における観念あるいは法的な観点からすれば、まさに、運営権行使の対価そのものと整理するのが自然である。また、民法上、物権譲渡等に関する対価が必ず固定額でなければならないというわけではない。たとえば、民法上の物権の一つとして地上権があるが、建物所有を目的とする地上権には借地借家法の適用があるところ、同法では、地上権の地代について、「土地に対する租税その他の公課の増減により、土地の価格の上昇若しくは低下その他の経済事情により、又は近傍類似の土地の地代等に比較して不相当となったときは、契約の条件にかかわらず、当事者は、将来に向かって地代等の額の増減を請求することができる」とし（11条

1項)、地代等の増額について当事者間に協議が整わないときの地代の支払方法についての規定をおいている（同条2項・3項）。

　民法上、契約の対価は一定の条件により特定できることは必要であるが、対価が固定額であることは特に要請されていないことからすれば、運営権の対価についても実施方針や実施契約によって特定できるよう条件が規定されていれば足り、固定額である必要はないのではないかと考えられる。このような考えに基づけば、プロフィット・シェアリング条項に基づく追加支払部分もまた運営権対価の一つと考える余地もあるのではないかと考えられる。

(4) 運営権の支払方法

　運営権の支払方法については、一括払いに限らず、分割払いも可能である。

　特に、運営権の対価の対象を、施設整備の対価ではなく、運営権実施そのものの対価と考えれば、地上権の地代のように、当該期間に応じて分割で支払われるのがむしろ通常とも考えられる。いずれにしても契約自由の原則に基づき、適正公平な入札等の選定手続を経たうえで、最終的には管理者等と運営権者との交渉によって決定されることになる。

(5) 運営権対価の算出方法

　この点について、ガイドラインは、次のように述べている。

7(1)2－2．運営権対価の算出方法
(1) 運営権対価の算出方法は、運営権者が将来得られるであろうと見込む事業収入から事業の実施に要する支出を控除したものを現在価値に割り戻したもの（利益）を基本とし、各事業のリスクや優位性等を勘案し、運営権対価の割引、上乗せ等による調整や運営事業に付随して管理者等から売払いを受ける施設や物品等の購入金額を控除した金額等の合理的な手法が考えられる。

(2) リスクは可能な限り金額に換算して算入する。例えば、需要変動リスクや運営コスト等の上昇リスクの分析、必要となる保険料の見積もりの活用等が考えられる。

　上記のような考え方は、運営権実施の対価を運営権設定時に一括で支払わせる場合には、大変参考になる考え方といえる。
　ただ前述のとおり、運営権対価については、地上権の地代や賃借権の借賃のように一定の期間に応じて支払うことも可能であり、施設整備費用の徴収という趣旨ではなく、あくまで運営権設定の対価と考えるのであれば、むしろ、このような支払方法が通常であるようにも思われる。
　そして、このように期間に応じた支払をする場合には、リスクを当初から織り込んでおよそ変更不可能という意味での固定対価を確定する必要は必ずしもなく、上記ガイドラインでいうところの需要変動リスクや運営コストの上昇リスク等については、それが現実化した場合に、一定の条件で対価の変更を認められてもよいと考えられる。そして、対価変更の条件を実施方針や実施契約において明確に規定することが、民間事業者のリスク・コントロールの意味で重要である。

(6) 運営権対価の返還義務

　会計処理研究報告によれば、「管理者等が受け取る運営権対価は、運営権者に対して設定することにより事業期間にわたり得られる収益を前受しているにすぎない。公共帰責、運営権者帰責や不可抗力事由により実施契約が解除となり、運営権が取消となる場合には、管理者等には、受領済の運営権対価のうち運営権が取消となった時点での残存事業期間分に相当する運営権対価の返還義務が生じる場合があるものと考えられる」とされている（同報告2.(2)）。

(7) 運営権対価の会計処理方法

　会計処理研究報告によれば、「運営権は事業期間中、公共施設等を運営し、収益する権利であり、公共施設等の売買と区別されることから、設定時に無形固定資産に計上し、運営事業の事業期間にわたり減価償却過程を経て費用認識することが考えられる。」とされている。また、同報告によれば、「運営権対価を分割払いとする場合、無形固定資産として計上する運営権の取得価額は、一定の割引率によって計算された割引現在価値により算定されることとなる。対価の未払分は、「長期未払金」として管理者等に対する債務として計上することが考えられる。」とされる（以上につき、同報告3.(2)）。

　なお、プロフィットシェアリング条項を規定した場合については、「当該条項で定められた収益（又は利益等）は運営権者で計上される事業年度に生じる事象に起因するものとし、当該事業年度に帰属する収益等として認識することでよいか。」とし、今後の検討課題として位置付けられている（同報告4参照）。

第5節 抵当権の設定

> **PFI法25条（権利の目的）**
> 公共施設等運営権は、法人の合併その他の一般承継、譲渡、滞納処分、強制執行、仮差押え及び仮処分並びに抵当権の目的となるほか、権利の目的となることができない。

　運営権は上記25条により、抵当権の目的とすることができることとされている。従前のPFI事業では、事業への融資の保全のためには事業契約上の債権譲渡担保や契約上の地位譲渡予約、SPCの株式質権等により対応してきたが、今後は物権として直接排他的支配力を有する運営権自体への抵当権が設定できることになった。今後、運営権を設定するPFI事業についての円滑な資金調達が可能となることが期待される。

　ここで抵当権とは、普通抵当権（債務者又は第三者が占有を移転しないで債務の担保に供した運営権について、他の債権者に先立って自己の債権の弁済を受ける権利（民法369条1項））のほか、根抵当権も含まれる（公共施設等運営権登録令39条2項）。また、買戻し特約の登録も同令では可能とされている（47条）。また、上記のとおり抵当権の被担保債権は必ずしも運営権者が公的主体に支払う費用相当額を調達するための貸金を担保するために限定されるわけではなく、たとえば、運営権者が公共施設等を整備するために要する費用を調達するための貸金や、第三者の債務を担保するためにも理論的には設定可能である。しかし、抵当権の設定を自由に認めると、PFI事業と関連性のない債務の担保として運営権が設定され、当該抵当権が実行されることにより、PFI事業の継続が困難となる事態も想定される。抵当権の設定をどのような場合に可能とするかについては実施方針や運営権実施契約のなかで定める必要があるものと考えられる。

抵当権者は、運営権者が債務不履行をした場合、抵当権を行使することになる。典型的には民事執行法に基づき競売手続開始を申し立てることができるほか、運営権の果実、すなわち、利用料について物上代位による差押えをして、利用者から直接弁済を受けることも可能である（民法372条、同304条の準用）。また、運営権の取消しがなされた場合に抵当権が設定されているときには補償金は供託されることとなっており、抵当権はこの供託金を取得することが可能である（PFI法30条6項・7項）。

　抵当権に基づき競売を行う場合、運営権が売却されることになるが、この場合の運営権の移転には、公共施設等の管理者等の許可が必要となる（同法26条2項）。

　管理者等が当該許可を行おうとするときは、①運営権の移転を受ける者がPFI法9条各号の欠格事由のいずれにも該当しないこと、②運営権の移転が実施方針に照らして適切なものであること、という基準に適合するかどうかを審査する必要があり（同法26条3項）、かつ、管理者等が地方公共団体の長の場合、当該許可を行うには、あらかじめ、議会の議決を経なければならないとされ、ただし、条例に特別の定めがある場合はこの限りではないとされている（同法26条4項）。

　この点、運営権者が運営権の行使を適切に遂行することが困難な状況に陥った場合、融資金融機関としては、すみやかに抵当権の存在を前提として介入し、適切な事業を行いうる新事業者を見つけて、運営権の移転をさせることで、事業の毀損を最小限にとどめ、事業を継続させることで融資の保全を図る必要があるが、ここで議会の議決を必要とすると、いかなる場合に議会の賛成を得ることができるか事前に予測することが困難であり、結果として、融資差控えや政治リスクの存在による金利の増大を招くことになりかねない。そこで、適切な融資を確保するためには、PFI法26条4項但書に基づき、あらかじめ条例でいかなる場合には管理者等が運営権の移転を認めるかについて明確な基準を定めることが必要である。

　抵当権の設定が登録されている運営権については、その抵当権者の同意が

なければ、これを放棄することができず、同意なく放棄してもそれは無効となる（同法26条5項・6項）。

　なお、運営権者が倒産した場合、破産手続や民事再生手続においては、抵当権は別除権として手続外での行使が可能である。したがって、競売の申立てや物上代位を行うことができる。これに対して、会社更生手続の場合、抵当権は更生担保権となり、手続外での権利行使が許されず、更生計画に基づく弁済を受けるのみとなる。したがって、手続外での競売や物上代位もできない点に留意が必要である。

第6節 運営権の譲渡

> **PFI法25条（権利の目的）**
> 　公共施設等運営権は、法人の合併その他の一般承継、譲渡、滞納処分、強制執行、仮差押え及び仮処分並びに抵当権の目的となるほか、権利の目的となることができない。
>
> **PFI法26条（処分の制限）**
> （中略）
> 2　公共施設等運営権は、公共施設等の管理者等の許可を受けなければ、移転することができない。
> 3　公共施設等の管理者等は、前項の許可を行おうとするときは、次に掲げる基準に適合するかどうかを審査して、これをしなければならない。
> 　一　公共施設等運営権の移転を受ける者が第9条各号のいずれにも該当しないこと。
> 　二　公共施設等運営権の移転が実施方針に照らし適切なものであること。
> 4　公共施設等の管理者等（地方公共団体の長に限る。）は、第2項の許可を行おうとするときは、あらかじめ、議会の議決を経なければならない。ただし、条例に特別の定めがある場合は、この限りでない。
> （中略）
> 6　第2項の許可を受けないで（中略）した公共施設等運営権の移転（中略）は、その効力を生じない。

　運営権の設定は、指定管理者の指定と同様、行政処分であり、かかる行政

処分により得られた地位は通常、譲渡の対象となることはない。しかし、PFI法では、運営権の対象が公共施設でありサービスの安定的な継続供給が求められることに着目して、運営権を物権とみなすこととし、その譲渡を可能としている（倉野・宮沢(5)81頁）。

従前は事業契約上の民間事業者の地位について地位譲渡予約契約を締結することにより、万一、民間事業者による事業継続が困難となった場合、当該予約完結権を行使することにより、新たな民間事業者に事業契約上の地位を承継させることを企図してきた。

しかし、かかるスキームの場合、契約上の当事者が変更となるため、法的には、契約の変更ということになり、かつ、事業契約上、義務を負う者がだれであるかは重要であることから、地方自治体の案件において当該予約完結権を行使するためには、議会の議決が不可欠であると考えられた。

しかし、議会の議決が民間事業者の地位承継の不可欠の条件となるとすれば、議決が得られるかどうかは不明確であり事業の継続可能性が確実に判断できず、資金調達上、大きな障害となる。

この点、運営権制度では、二つの大きな工夫が取り入れられた。

まず1点目は、運営権譲渡の許可についての二つの要件を明確にしたことである。

すなわち、公共施設等の管理者等は、許可を行おうとするときは、①PFI9条で定める各欠格事由の該当性、②実施方針に照らして譲渡が適切なものかどうか、を検討することとし、かかる2要件をクリアーした場合には許可を出すこととしたのである（羈束裁量[3]）。これにより、いかなる場合に許可がされるかが格段に明確になることが期待される。

2点目は、地方自治体の案件の場合、原則として運営権譲渡の許可には事前の議会の議決が必要としつつ、条例で特別の定めがある場合には例外的に議会の議決を不要としたものであり、議会議決を得られるかどうかという、地方自治体の責任も問いづらい事業継続の不確定要素を除くことが可能となった点、実務上大変意義深い。

今後は、条例において、事業継続のための要件を具体的かつ明確に定めることが強く要請される。

　なお、PFI法26条2項は、移転全般について、公共施設等の管理者等の許可を要件としている。そのため、運営権の個別譲渡の場合のみならず、法人の合併その他の一般承継の場合にも、管理者等の許可が要件になると解される[4]。

---

[3] 行政行為をなすについて、行政庁に裁量権が与えられている場合、その裁量が、何が行政目的または公益に適するかの裁量であるときには、これを自由裁量または便宜裁量という。これに対して、その裁量が、何が法なのかの裁量、すなわち法規のうえでは一義的に定められていなくても客観的な準則が存在し、その解釈適用に関する法律判断と解せられる場合には、これを法規裁量または覊束裁量という。法規裁量は、一見行政庁の裁量を許容するようにみえるが、その裁量を誤ることは法規の解釈の誤りを意味し、違法の問題を生ずるので、その裁量の当否は裁判所の審理の対象となる。一方、自由裁量は、その範囲内では行政庁の最終判断権が認められるので、裁判所の審理の対象外となる（以上、金子宏・新堂幸司ほか編『法律学小辞典［第4版補訂版］』566頁）。

[4] 運営権と同じくみなし物権化されているダム使用権については、法人の合併等の一般承継については原則として国土交通大臣の許可は不要とされている（特定多目的ダム法22条）。

第7節 運営権の取消し等と補償

PFI法29条（公共施設等運営権の取消し等）
1 公共施設等の管理者等は、次の各号に掲げる場合のいずれかに該当するときは、公共施設等運営権を取り消し、又はその行使の停止を命ずることができる。
（中略）
　二　公共施設等を他の公共の用途に供することその他の理由に基づく公益上やむを得ない必要が生じたとき。
（中略）
4 公共施設等の管理者等が、公共施設等の所有権を有しなくなったときは、公共施設等運営権は消滅する。

PFI法30条（公共施設等運営権者に対する補償）
1 公共施設等の管理者等は、前条第1項（第二号に係る部分に限る。以下この条において同じ。）の規定による公共施設等運営権の取消し若しくはその行使の停止又は前条第4項の規定による公共施設等運営権の消滅（公共施設等の管理者等の責めに帰すべき事由がある場合に限る。）によって損失を受けた公共施設等運営権者又は公共施設等運営権者であった者（以下この条において単に「公共施設等運営権者」という。）に対して、通常生ずべき損失を補償しなければならない。
2 前項の規定による損失の補償については、公共施設等の管理者等と公共施設等運営権者とが協議しなければならない。
3 前項の規定による協議が成立しない場合においては、公共施設等の管理者等は、自己の見積もった金額を公共施設等運営権者に支払わなければならない。

> 4　前項の補償金額に不服がある公共施設等運営権者は、その決定の通知を受けた日から六月以内に、訴えをもって、その増額を請求することができる。
> 5　前項の訴えにおいては、当該公共施設等の管理者等を被告とする。
> （以下、略）

　PFI法30条1項では、上記のとおり補償がなされる場合として二つの場合を定めている。すなわち、①同法29条1項の規定による運営権の取消しもしくはその行使の停止の場合と、②同法29条4項による運営権の消滅の場合である。このうち、①の場合は、「他の公共の用途に供することその他の理由に基づく公益上やむを得ない必要が生じたとき」とあり、公的主体側の帰責事由が要件となっていないのに対して、②の場合は、「公共施設等の管理者等の責めに帰すべき事由がある場合に限る。」とされている点で大きく異なる。以下では、二つの場合について、それぞれどのような場合に補償が行われるのか、また、補償される場合の補償範囲について、検討する。

1　補償される場合

(1)　①の場合

　この場合は、「他の公共の用途に供することその他の理由に基づく公益上やむを得ない必要が生じたとき」であることが必要である。いかなる場合に「公益上やむを得ない必要が生じた」とされるかは不明であるが、類似の法令上の表現として「公益上必要があると認めるとき」というものがあるところ[5]、あえて、かかる表現を採用せず、「公益上やむを得ない必要が生じたとき」として限定を加えていること[6]にかんがみれば、広い意味での単なる

---

[5]　浄化槽法28条、公害紛争処理法42条の15、原子力基本法17条等。

公益上の必要性では足りず、運用権という物権を取消しまたは停止することが真にやむをえないと社会通念に照らして考えられる場合に限定されるべきと解される。

(2) ②の場合

この場合は、「公共施設等の管理者等が、公共施設等の所有権を有しなくなったとき」のうち「公共施設等の管理者等の責めに帰すべき事由がある場合」に限られている。かかる場合は、公的主体に帰責事由がある以上、民法等の法令を根拠としても損害賠償請求が認められる場合であり、確認規定的な性質を有するものと考えられる。

逆に、「公共施設等の管理者等が、公共施設等の所有権を有しなくなったとき」でも、いわゆる不可抗力による場合には、運営権に対する補償がPFI法を根拠としてはなされないことになる。もっとも、従来のわが国におけるPFI事例では、不可抗力によって民間事業者が追加費用や損害を被った場合、それらについて公的主体が一定程度について、負担する事例も存した。この点については、実施方針や実施契約のなかで、不可抗力による場合のリスクの分担について明確に規定することが求められる。

2 補償の範囲

補償の範囲については、①②ともに、「通常生ずべき損失」とされている。

これについては、従来の法令でもたとえば土地区画整理法73条1項、78条1項、101条1項等で、土地区画整理事業に伴って損失を受けた者に対して「通常生ずべき損失」が補償されるとしている。この「通常生ずべき損失」については、原因たる事実と相当因果関係にあるという意味であるとされている。かかる考え方によれば、いわゆる逸失利益も補償される範囲に含まれ

---

6 同種の表現を採用するものとして、漁業法39条1項、河川法75条2項5号、地すべり等防止法21条2項3号、下水道法38条2項3号、都市公園法11条2項3号等。

ることになる。具体的にいかなる場合が因果関係のある損害といえるかについては、「公共用地の取得に伴う損失補償基準」において各別の事例ごとに以下の例のように詳細に示されており参考になる。

公共用地の取得に伴う損失補償基準20条（漁業権等の消滅に係る補償）
　消滅させる漁業権、入漁権その他漁業に関する権利（以下「漁業権等」という。）に対しては、当該権利を行使することによって得られる平年の純収益を資本還元した額を基準とし、当該権利に係る水産資源の将来性等を考慮して算定した額をもって補償するものとする。

同法21条（鉱業権、租鉱権又は採石権の消滅に係る補償）
　消滅させる鉱業権、租鉱権又は採石権に対しては、正常な取引価格をもって補償するものとする。
2　近傍同種の鉱業権、租鉱権又は採石権の取引の事例がない場合においては、前項の規定にかかわらず消滅させる鉱業権、租鉱権又は採石権に対しては、当該権利の態様及び収益性、当該権利の取得に関して要した費用等を考慮して算定した額をもって補償するものとする。

　PFIにおいて運営権を設定する事例において金融機関等からの資金調達をするにあたっては、運営権が停止、取消しまたは消滅した場合にどの程度の資金回収リスクがあるかを明確にすることが重要である。また、上記①②の場合以外でも、民事法の規定に従い、公的主体と運営権者の間に、損失補償や損害賠償の関係が発生しうるものであり、PFI法29条、30条の規定がこれらの損失補償等を排除する主旨のものではないことは当然であるとされている（倉野・宮沢(5)84頁）。そのため、ガイドライン、実施方針、実施契約案等のなかで補償される場合や補償範囲について可能な限り具体的に示すことが求められる。

第8節 登録手続（但馬空港の登録例）

> PFI法27条（登録）
> 1 公共施設等運営権及び公共施設等運営権を目的とする抵当権の設定、移転、変更、消滅及び処分の制限並びに第29条第１項の規定による公共施設等運営権の行使の停止及びその停止の解除は、公共施設等運営権登録簿に登録する。
> 2 前項の規定による登録は、登記に代わるものとする。

1 登録制度

(1) 登録制度の概要

　運営権は公的主体による設権行為により設定される権利であり、物権とみなされるものであるが、その直接排他的支配性を公示するため、平成23年改正PFI法では登録制度を設けた。なお、鉱業権の設定、移転、抵当権の設定等の物権変動は、原則として登録がその効力の発生要件とされている（鉱業法60条）のに対して、PFI法ではそのような定めがないことから、登録は運営権の発生、変動の効力発生要件ではなく、第三者対抗要件（民法177条）としての性質を有するものと考えられる。公共施設等運営権登録令36条では、設定の登録のない運営権も有効であることを前提として、「設定の登録がされていない運営権について、嘱託により運営権の処分の制限を登録し、又は申請若しくは嘱託により運営権の行使の停止の登録をするときは、職権で、運営権の設定の登録をしなければならない」と定めている。そして、同令５条では、詐欺又は脅迫によって登録の申請を妨げた第三者や他人のために登

録を申請する義務を負う第三者は、運営権の登録がないことを主張することができないと定めている。

　登録簿には表題部と権利部とが設けられ、表題部では次のような事項が登録されることとされている（公共施設等運営権登録令22条1項）。

　すなわち、表題部で登録される事項は、①公共施設等の名称および立地、②公共施設等の運営等の内容、③存続期間、④公共施設等の管理者等の名称、⑤公共施設等運営権の行使の停止またはその停止の解除があったときは、その旨（行使の停止があった場合において停止期間があるときは、その旨およびその期間）、⑥登録原因およびその日付、⑦登録の年月日、⑧前各号に掲げるもののほか、公共施設等運営権を識別するために必要な事項として内閣府令で定めるもの、である。

　また、権利部で登録される事項は、①登録の目的、②申請の受付の年月日および受付番号、③登録原因およびその日付、④公共施設等運営権等の権利者の氏名または名称および住所等、⑤登録の目的である公共施設等運営権等の消滅に関する定めがあるときは、その定め、等とされている（同条2項）。

　運営権の設定の登録は、設定を受けた者等しかできないとされている（公共施設等運営権登録令35条）。公的主体は、運営権を設定するときは、選定事業者に対し、設定書を交付することとされている（基本方針）。設定を受けた者が登録の申請をする場合には、当該設定書を運営権者であることの証明資料として提出することになる。

(2) 但馬空港の登録例

　兵庫県立但馬空港には、わが国ではじめて運営権が設定されたが（平成26年6月11日設定）、同運営権については、次頁のとおり、登録がされている（以下「但馬空港登録例」という）。

　但馬空港登録例は、これからの運営権の設定、登録を検討するうえで非常に有益な示唆に富んでいる。

　以下では、いくつかのポイントを指摘してみることとする。

公共施設等運営権登録記録証明書

平成27年5月7日

表題部（公共施設等運営権の表示）	
公共施設等運営権番号	第1号
原因及びその日付	公共施設等運営権の設定（平成26年6月11日）
公共施設等の名称	兵庫県立但馬飛行場
公共施設等の立地	兵庫県豊岡市上佐野、岩井、戸牧及び日高町に立地する但馬飛行場
公共施設等運営権に係る公共施設等の運営等の内容	1　空港運営事業 2　空港航空保安施設運営事業 3　環境対策業務 4　その他附帯する事業
公共施設等運営権の存続期間	平成26年6月11日から平成32年3月31日まで
公共施設等の管理者等の名称	兵庫県知事
登録年月日	平成26年12月11日

権利部（甲区）			
順位番号	登録の目的	受付年月日・受付番号	権利者その他の事項
1	公共施設等運営権の保存	・受付年月日 　平成26年12月11日 ・受付番号 　受付第1号	・権利者 　兵庫県豊岡市岩井字河谷 　1598番地の34 　但馬空港ターミナル株式会社 　代表取締役社長 　田中　稔

権利部（乙区）			
順位番号	登録の目的	受付年月日・受付番号	権利者その他の事項
―	―	―	―

上記のとおり相違ないことを証明する。

内閣総理大臣　安倍　晋三

ア　公共施設等の名称

　公共施設等運営権登録令（以下「登録令」という）22条1項1号では、表題部の登録事項として「公共施設等の名称及び立地」をあげており、この規定ぶりからは、「名称及び立地」は同一の項目として記載され、それによって施設の特定がなされるものと想像していたが、但馬空港登録例では、「名称」と「立地」が別項目として整理されている。

　そして名称としては、「兵庫県立但馬飛行場」という登録がされている。

　この点、「但馬空港運営事業実施方針」（平成26年4月兵庫県）（以下「但馬空港実施方針」という）によれば、運営権設定の対象施設としては、次のような多様な施設が対象となっているもようである。

① 空港基本施設（滑走路、着陸帯、誘導路、エプロン等）
② 空港航空保安施設（航空保安無線施設、対空通信施設、航空灯火、昼間障害標識）
③ ターミナルビル（航空旅客取扱施設、事務所および店舗ならびにこれらの施設に類する施設および休憩施設、送迎施設、見学施設等）
④ 事業者棟
⑤ 空港レストラン
⑥ 格納庫
⑦ 航空機展示場、展示航空機および付帯施設
⑧ 空港公園および公園内施設
⑨ 給油施設
⑩ 道路（空港用地内の道路）・駐車場（空港利用者用、従業員用等）
⑪ 空港用地

　このように、但馬空港の運営権は大きくは11の施設を対象としており、特にターミナルビルなどは、空港内の施設ではありながら、独立した施設としてホームページなどでも広く紹介されているところであるが[7]、但馬空港登

7　但馬空港HP

録例はそれらも含めて、上記11施設の名称を「兵庫県立但馬飛行場」という名称で示している。

　これは、複数の施設を対象として運営権を設定する場合であっても、必ずしも各施設の名称を個別に登録する必要はなく、一つの代表的な名称のみを登録すればよいことを示していると考えられ、今後の実務上、参考になる。

　ところで、上記のとおり、但馬空港実施方針では11の施設を運営権設定の対象とするとしているところ、兵庫県知事が平成26年6月11日に公表した「公共施設等運営権の設定について」によると（以下「但馬空港運営権設定について」という）、対象施設は「滑走路、ターミナルビル、駐車場、空港公園など、飛行場の管理範囲にある空港設置者が所有する施設と全ての土地」とされている。かかる対象と上記11施設が完全に同一であるかどうかは不明であり、これは但馬空港登録例をみても不明である。

　また、但馬空港のホームページをみると、「但馬空港施設内、但馬空港ターミナルビル外にある施設・店舗」として、「㈲ガイア航空、スカイダイビング関西、㈲えいと、ニッポンレンタカー、トヨタレンタリース」などと示されている[8]。これらの施設・店舗などが今回の運営権設定の対象となっているのかは、但馬空港登録例の「名称」「立地」をみるだけでは必ずしも明らかではない。

　対象となる敷地内に多くの施設が存する場合、どの施設は運営権設定の対象となり、どの施設は対象とならないかが明確になる程度の登録内容とされることが望ましいようにも感じられるところであり、今後、次なる登録事例を引き続き注視する必要がある。

イ　公共施設等の立地

　但馬空港登録例では、「兵庫県豊岡市上佐野、岩井、戸牧及び日高町に立地する但馬飛行場」と表記されている。

　ここでは、「上佐野、岩井、戸牧及び日高町」という町名の記載がある

---

[8]　但馬空港HP

が、それ以上の詳細な地番等の記載がされていない点が注目される。

また、「……に立地する但馬飛行場」と表記され、土地の表示だけでなく、施設の名称を明らかにしている点も特徴的である。

立地の表示において、必ず、土地の表示のほかに施設の表示まで必要なのかについては、今後の事例の集積を注視する必要がある。

ウ　公共施設等運営権に係る公共施設等の運営等の内容

但馬空港登録例では、「1　空港運営事業、2　空港航空保安施設運営事業、3　環境対策業務、4　その他附帯する事業」とされている。

この標記だけからは、必ずしも、運営権という物権の設定された権利の内容が必ずしも明らかではない。

たとえば、ここでの「運営」に「維持管理」が含まれるのか、また、いかなる範囲で運営権者が利用料金を収受できるのかといった点については、必ずしも明らかではない。

この点、「但馬空港運営権設定について」によると、運営権等の内容として次のような説明がなされている。

---

(1)　空港運営事業

　空港の維持管理業務、空港の運営業務、着陸料等の設定及び国土交通大臣への届出並びにその収受

(2)　空港航空保安施設運営事業

　空港航空保安施設の維持管理業務、空港航空保安施設の運営業務、空港航空保安施設の使用料金を設定する場合、国土交通大臣及び県への届出並びにその収受

(3)　環境対策業務

(4)　その他附帯する事業

　運営権者が実施業務を負う事業・業務（ターミナル事業等）、運営権者が任意で行う事業・業務、利用料金の設定及び収受

これをみると維持管理業務や利用料金の収受権等が明確であるが、登録記録をみただけではその点が明らかでない。運営権が物権であることからすれば、その権利対象となる業務範囲は明確であることが望ましく、特に、PFI法2条6項が「公共施設等運営事業」とは、公共施設等について、①運営等（運営および維持管理ならびにこれに関する企画をいい、国民に対するサービスの提供を含む。以下同じ）を行い、②利用料金を自らの収入として収受するものをいう、としていることからすれば、①において、運営と維持管理は異なる概念として区別されていること、②において、利用料金の収受が要件とされていることがわかる。これらにかんがみれば、どの施設について、運営権者が「運営」「維持管理」「利用料金の収受」することができるのかが登録記録上、明確であることが望ましいのではないかとも考えられる。

　いずれにしても、運営権制度はまだ始まったばかりであり、その登録制度についても今後の実務の集積により、取引の安全が守られつつ、運営権制度の柔軟な運用に資するような制度が構築されていくことを期待したい。

2　登録申請手続

　運営権設定の登録の申請は、公共施設等運営権登録令（平成23年政令第356号。以下「令」という）および公共施設等運営権登録令施行規則（平成23年内閣府令第66号。以下「規則」という）の規定に基づき行う必要がある。令および規則を整理すると、次のような手続が必要になるものと考えられる。なお、運営権の登録に際しては、登録免許税法（昭和42年法律第35号）の規定に基づき、登録免許税の納付が必要となる。

(1)　申　請　人

　運営権の設定の登録は、以下のいずれかの者が申請することができる（令35条）。
・運営権の設定を受けた者またはその者から法人の合併その他の一般承継に

より運営権を取得した者
・運営権を有することが確定判決によって確認された者

(2) 申　請　書

以下の事項を記載した申請書を作成する必要がある。

ア　申請人について（規則16条）
・申請人の氏名または名称および住所
・申請人が法人であるときは、その代表者の氏名
・代理人によって登録を申請するときは、当該代理人の氏名または名称および住所ならびに代理人が法人であるときはその代表者の氏名
・民法423条その他の法令の規定により他人に代わって登録を申請するときは、申請人が代位者である旨、当該他人の氏名または名称および住所ならびに代位原因
・申請人または代理人の電話番号その他の連絡先
・申請人が令35条各号に掲げる者のいずれであるか（規則別表第二、八）

イ　運営権について（規則16条）
・公共施設等の名称および立地
・公共施設等の運営等の内容
・存続期間
・公共施設等の管理者等の名称
・登録の目的（例：「公共施設等運営権の保存」）
・登録原因およびその日付（例：「平成○年○月○日　公共施設等運営権の設定」）
・登録の目的である運営権または運営権を目的とする抵当権の消滅に関する定めまたは共有物分割禁止の定めがあるときは、その定め
以上をふまえて、申請書例を示すと次のようなものとなると考えられる。

平成○年○月○日

内閣総理大臣　○○○○　様

申請者
令第35条第1号に掲げる公共施設等運営権の設定を受けた者
名　　　称　　株式会社○○
代表者氏名　　代表取締役　　○○○○
住　　　所　　○○県○○市○○町
電　　　話

公共施設等運営権設定の登録申請書

申請者は、下記のとおり運営権の設定を交付されたので、公共施設等運営権登録令（平成23年政令第356号）及び公共施設等運営権登録令施行規則（平成23年内閣府令第66号）の規定に基づき公共施設等運営権設定の登録を申請します。

記

1．運営権

公共施設等の名称	○○
公共施設等の立地	○○県○○郡○○町○○番地
公共施設等の規模及び配置	①規模　(ア)面積　○○㎡ 　　　　　(イ)対象施設(次の施設と全ての土地) 　　　　　　本館、○○棟、△△棟、□□施設 ②配置　【別紙1】施設配置図
公共施設等の運営等の内容	①運営業務 ②維持管理業務 ③受付・案内業務 ④経理業務 ⑤企画・広報・営業業務 ⑥利用者サービスの向上に質する業務 ⑪その他付帯する業務
存続期間	平成○年○月○日から平成△年△月△日まで
登録の目的である運営権又は運営権を目的とする抵当権の	【別紙2】のとおり

消滅に関する定め又は共有物分割禁止の定めがあるときは、その定め	
公共施設等の管理者等の氏名	○○市 市長　○○○○
登録の目的	公共施設等運営権の保存
登録原因及びその日付	平成○年○月○日　公共施設等運営権の設定

　２．登録免許税の領収証書（原本）
　　　登録免許税の額：○○円（運営権対価額○○円の千分の一）
　３．添付書類
　　(1) 印鑑証明書（原本）
　　(2) 履歴事項全部証明書（原本）
　　(3) 公共施設等運営権設定書（写し）
　　(4) 公共施設等立地図

(3) 添付書面（規則19条）

申請書に添付する以下の書面を用意する必要がある。

・申請人が法人であるときは、当該法人の代表者の資格を証する書面
・代理人によって登録を申請するときは、当該代理人の権限を証する書面
・申請書または代理人の権限を証する書面に記名押印した者の印鑑に関する証明書
・現在事項全部証明書：登録名義人となる者の住所を証する市町村長、登記官その他の公務員が職務上作成した書面
・公共施設等運営権設定書
・公共施設等立地図：公共施設等の立地に係る申請書の記載が当該公共施設等の立地を特定できる程度に明確でないときは、公共施設等の立地を示す図面

3　運営権設定書

　前項で述べたとおり、運営権者が運営権の保存登録の申請を行うにあたっては、運営権設定書を添付書類として提出しなければならない。

　この点、PFI19条2項は、「公共施設等運営権の設定は、次に掲げる事項を明らかにして行わなければならない。一　公共施設等の名称、立地並びに規模及び配置、二　第17条第2号（運営権に係る公共施設等の運営等の内容）及び第3号（運営権の存続期間）に掲げる事項」としている。

　また、設定書は運営権保存の登録の確認資料となるものであるから、登録される内容を表現している必要がある。

　これらをふまえると、設定書の内容は次のようなものになると考えられる。

平成○年○月○日

公共施設等運営権者
○○県○○郡○○町○○番地
株式会社○○
代表取締役　○○○○　殿

　　　　　　　　　　　　　　　　管理者
　　　　　　　　　　　　　　　　○○市
　　　　　　　　　　　　　　　　市長　○○○○

設　定　書

　本日、上記管理者は、上記公共施設等運営権者に対して、下記のとおり公共施設等運営権を設定したので、それを証するため、本設定書を交付する。

記

公共施設等の名称	○○
公共施設等の立地	○○県○○郡○○町○○番地
公共施設等の規模及び配置	1．規模 　(1)　面積

	○○㎡ (2) 対象施設 　　次の諸施設と全ての土地 　　ア　本館及び○○棟 　　イ　△△棟 　　ウ　□□施設 2．配置　別紙のとおり
公共施設等運営権に係る公共施設等の運営等の内容	1．運営業務 2．維持管理業務 3．受付・案内業務 4．経理業務 5．企画・広報・営業業務 6．利用者サービスの向上に資する業務 7．その他附帯する業務
公共施設等運営権の存続期間	平成○年○月○日から平成△年△月△日まで

以上

第 3 章

公共施設等運営権実施契約
（運営権制度におけるリスク分担）

第1節 公共施設等運営権実施契約の特色

　公共施設等運営権実施契約（以下本章において「運営権実施契約」という）は、文字どおり、公共施設の運営を実施するために施設管理者と運営権者との間で、運営権の具体的内容、運営の方法や当事者の役割や権利義務、リスク分担方法等について定める契約である。

　運営権実施契約については、PFI法22条や同条に関する法律施行規則で次のように定められている。

PFI法22条（公共施設等運営権実施契約）
1　公共施設等運営権者は、公共施設等運営事業を開始する前に、実施方針に従い、内閣府令で定めるところにより、公共施設等の管理者等と、次に掲げる事項をその内容に含む契約（以下「公共施設等運営権実施契約」という。）を締結しなければならない。
　一　公共施設等の運営等の方法
　二　公共施設等運営事業の継続が困難となった場合における措置に関する事項
　三　公共施設等の利用に係る約款を定める場合には、その決定手続及び公表方法
　四　その他内閣府令で定める事項

民間資金等の活用による公共施設等の整備等の促進に関する法律施行規則5条（公共施設等運営権実施契約に定める事項）
　法第22条第1項第4号に規定する内閣府令で定める事項は、次に掲げる事項とする。
　一　法第20条の規定により費用を徴収する場合には、その旨及びその金額又はその金額の決定方法

> 二　契約終了時の措置に関する事項
> 三　公共施設等運営権実施契約の変更に関する事項

　PFI法では、選定事業一般の実施については、公的主体と民間事業者間で事業契約を締結し、それに基づいて実施されるものと位置づけている（同法8条）一方で、運営権については、運営権実施契約の締結を義務づけており（同法22条）、事業契約と運営権実施契約とは別異の性質を有する契約である。具体的には、事業契約は特定事業、すなわち、公共施設等の建設、製造、改修、維持管理もしくは運営またはこれに関する企画をいい、国民に対する提供を含むもの全般についての官・民間の権利義務を定めた契約と位置づけられるのに対して、運営権実施契約は特定事業のうちの維持管理もしくは運営またはこれに関する企画について運営権を設定した場合において、運営権の具体的な内容、運営の方法、当事者の役割や権利義務、リスク分担等について定める契約である。

　このように理論上は、事業契約と運営権実施契約は異なる性質のものであり、PFI事業として新規に公共施設を整備したうえで完成した施設に運営権を設定する場合、施設の整備については事業契約、完成施設の運営については運営権実施契約を定めることになるが、それらは同一の契約書のなかで定めることも可能である。

　運営権実施契約の締結時期については、PFI法22条1項では「運営権者は、公共施設等運営事業を開始する前に」締結する、とされており、いつから締結可能であるかは明示されていないが、その締結当事者が「運営権者」に限定されていることからすれば、運営権の設定と同時か直前期に締結するのが通常のかたちであると考えられる[1]。

---

[1]　倉野・宮沢(4)96頁では、「運営権制度においては運営権の設定という設権行為によって民間事業者が施設運営を行う権利を与えられることになる。運営権実施契約はあくまで運営権設定後に公的主体と民間事業者との間で施設運営の詳細を定めるために締結するものであり、運営権を設定するために締結されるものではないと解している。」とされている。

もっとも、施設の整備、維持管理、運営が事業となる場合、先に整備に関してのみ事業契約を締結し、施設が完成し運営権が設定された後あらためて運営に関する運営権実施契約を締結するというのでは、民間事業者の立場からすると、運営権の設定が確実になされるのか、運営権の具体的な内容や実施方法が特定できないことから、不安定な立場となり、資金調達も困難となりかねない。実務上は、一つの契約書のなかで、整備に関する官民の権利義務を事業契約として定めると同時に、施設が完成し運営権が設定されることを停止条件として効力を生ずるという前提で運営権実施契約も締結することが、事業の安定性確保や資金の円滑な調達の観点から必要であり、運営権が設定されない限り、およそ運営権に関する合意はできないといった硬直的な運用がなされないことを期待したい。

　いずれにしても、上記のとおり、運営権実施契約は事業契約とは理論的に別の性質を有するものである。そこで、以下では、運営権実施契約において特に検討を要する特徴的な条項について検討してみることとする。

　具体的には、次の各事項について検討する。

① 不可抗力リスクの分担
② 法令変更リスクの分担
③ 需要リスクの分担
④ 運営権対価
⑤ 瑕疵担保責任
⑥ 契約の解除・運営権の取消し
⑦ 増改築
⑧ テナントに施設を賃借する場合の特例

第2節 不可抗力リスクの分担

1 従来型PFI事例における不可抗力リスクの分担例

わが国における従来のPFI事例では、維持管理・運営期間において不可抗力事由によって民間事業者に生じた追加費用・損害の負担については、各事業年度の維持管理・運営に係る業務費の100分の1に至るまでの金額までは民間事業者側が負担し、それを超える部分については管理者側が負担する例が多かった。

ただし、従来においても独立採算型の事例についてみれば、不可抗力事由によって民間事業者に生じた追加費用・損害について、そのいっさいを民間事業者に負担させる例が多く見受けられる一方で、独立採算型でありながら前記のような通常のリスク負担配分を行っているケースもあった。次の表は、比較的最近のPFI事例のうち独立採算型の事業契約書案における不可抗力リスクの分担例を記載したものである。

過去の独立採算型PFIにおける不可抗力事由のリスク分担例

事例	事業方式	事業契約における分担条項
那覇国際物流関連施設整備・運営事業 事業契約書案[2]	BOO[3]	64条1項 不可抗力により乙(筆者注:民間事業者)に増加費用及び損害が生じるときは、乙が当該増加費用及び損害を負担するものとする。
女川町水産加工団地排水	BTO	別紙13 不可抗力による増加費用及び損害

---

2 那覇空港HP
3 Build Own Operate。民間事業者が自らの資金調達により施設を設計・建設(Build)し、完成後所有権を得たまま(Own)、当該施設の運営(Operate)を行い、事業期間終了後に所有権を公共に移転しない方式である。法務と実務30頁。

第3章 公共施設等運営権実施契約(運営権制度におけるリスク分担) 93

処理施設整備等事業　事業契約書案[4]		の負担 第2　維持管理・運営業務に関して生じた増加費用又は損害 　当該増加費用及び損害の額を、事業年度毎に全て累計し、当該事業年度における、固定経費の総額の1％に相当する金額に至るまでは事業者の負担とし、これを超える額については町の負担とする。
新神戸ロープウェー再整備等事業（PFI事業部分）事業契約書案[5]	RO[6]	別紙9　事業期間中において、不可抗力事由が生じ、これにより乙（筆者注：民間事業者）に発生した合理的な追加費用又は損害については、施設改修費の100分の1に至るまでは乙が負担するものとし、これを超える額については甲が負担する。
秋山川浄化センター再生可能エネルギー発電事業事業契約案[7]	BOT[8]	70条2項　全て事業者の負担とする。
海の中道海浜公園海洋生態科学館改修・運営事業事業契約案[9]	RO	58条1項　不可抗力により事業者に増加費用及び損害が生じるときは、事業者が当該増加費用及び損害を負担するものとする。
東京国際空港国際線地区貨物ターミナル整備・運営事業　事業契約書案[10]	BOO	71条　不可抗力により事業者に増加費用及び損害が生じるときは、事業者が当該増加費用及び損害を負担するものとする。

4　女川町HP
5　神戸市HP
6　Rehabilitate Operate。施設を改修し、管理・運営する事業方式。所有権の移転はなく、官側が所有者となる方式。
7　日本PFI・PPP協会HP
8　Build Operate Transfer。民間事業者が自らの資金調達により施設を設計・建設（Build）し、完成後所有権を得たまま、一定期間当該施設の運営（Operate）を行い、事業期間終了後に所有権を公共に移転（Transfer）する方式である。法務と実務30頁。
9　国土交通省九州地方整備局HP
10　国土交通省HP

横浜市環境創造局北部汚泥資源化センター消化ガス発電設備整備事業　事業契約書案[11]	BTO	別紙10　不可抗力による損害金・増加費用分担規定 　事業期間中に不可抗力が発生した場合、不可抗力により発生した損害額及びその復旧費用等の乙に生じた増加費用は、更新建設期間にあっては、各事象ごとに更新建設工事費の100分の1の額に至るまで、維持管理・運営期間にあっては、各事象ごとに基本料金対象維持管理運営費及び従量料金対象維持管理運営費の合計を事業期間の年数で除した金額の100分の1の額に至るまで、乙が負担する。乙の負担を超える額は甲が負担する。

　上表をみる限りでは、BOTまたはBOO型では、事業者に不可抗力リスクを負担させているのに対して、BTO型では、官民双方で負担するかたちとなっている。

　たしかに、BOTまたはBOOの場合、PFI事業契約期間中、施設の所有権は民間事業者に帰属している。しかも、当該施設を利用者に提供することによる利用料金を民間事業者が直接収受して自らの収入とすることができることからすれば、そのような場合は、不可抗力リスクもまた民間事業者が負担することにも一定の合理性がある。

　しかし、BOTまたはBOOなら民が全部負担、BTOなら官民双方負担というのがどのケースにも常に適切というわけではない。要は、その事案の性質に応じて、リスクを最もよくコントロールできるものがリスクを負担する、という原則に照らして、個別に事案の特性やリスクの性質を分析したうえで、だれが最もよくリスクをコントロールできるかを検討する必要がある。特に、不可抗力リスクといっても、さまざまな態様が考えられる。たとえ

---

[11]　横浜市HP

ば、運営権の設定された施設そのものが不可抗力によって損傷または一部滅失等した場合、その所有権は官側にあること、民法上賃貸借契約でも不可抗力で賃貸物件が毀損した場合は、賃貸人側に修繕義務があること（民法606条1項）、賃貸物件の一部が賃借人の過失によらないで滅失したときは、賃借人は、その滅失した部分の割合に応じて、賃料の減額を請求することができるとされていること（同法611条1項）等から、施設管理者側がリスクの一部または全部を負担することが合理的といえるケースもありうる。他方、不可抗力事由（たとえば天災）の発生により施設の利用客が減少したといった事態は、民間事業者によってコントロールしうる事由とも考えられ、主として民間事業者がリスクを負担するのが合理的と考えられる場合も多いであろう。

　もとより、保険によってカバーできる部分については、保険によってカバーすることをまずは検討すべきことはもちろんである。

　また、運営権を設定する場合でも独立採算型ではなく混合型（利用者の利用料と管理者のサービス対価によって運営権者が事業の費用をまかなう形態）もありうる。これは、利用者の利用料だけでは運営権者が事業を適切に運営するために必要な費用を十分にまかなうことが困難な場合に利用されることが想定される。このような事例においては、不可抗力事由リスクのすべてを運営権者に負担させることが必ずしも合理的ではない場合も多いと思われる。

　しかしそのような場合であっても、安易にリスクの多くまたは全部を管理者側で負担することとしては、運営権という物権を設定して民間事業者に運営全般を委ねようとする趣旨に反することにもなりかねない。場合によっては、単純にすべての不可抗力事由について100分の1までは運営権者、それを超える部分は管理者という整理とせず、不可抗力事由をさらに細分化して、リスク分担をすることが必要な場合もありうる。いずれにしても個別の事例に応じて最適なリスク分担のあり方を検討する必要がある。

2 事　例

(1) 仙台空港、シカゴ・スカイウェイ

国土交通省は、「民間の能力を活用した国管理空港等の運営等に関する基本方針」を公表しているが[12]、そのなかで不可抗力事由に関して次のように述べている（第2、5）。

> 　大規模災害等が発生した段階における空港の利用調整や国民の保護のための措置の実施等については、関係法令等に基づき、設置管理者である国が責任をもって行うことを基本とする。この場合において、国管理空港運営権者は、国の求めに応じて協力をするものとする。
> 　また、大規模災害等からの復旧への対応は、火災、地震、津波等の想定される災害事象及び損害程度を定め、その範囲内の損害については、必要となる保険への加入を義務づけた上で国管理空港運営権者が実施することとする。一方で、上記の範囲を超える損害については、国が実施する必要があると判断したものについては国が実施することとする等、個別空港の特性に応じて責任を分担していくこととする。

これは、想定される不可抗力事由については、基本的にその全部をカバーするだけの保険の加入を義務づけることで対応することとしつつ、想定外の損害については官側で必要な対応を実施することを基本方針とするものと理解される。

これを受けて、仙台空港の事案でも、不可抗力リスクについて、保険によってカバーすることを基本方針としている。すなわち、仙台空港特定運営

12　国土交通省HP

事業等実施方針[13]では、「原則として、本空港における運営権設定対象資産を対象とした予想最大損害額を基準として保険金額を定めることとする。」とし（同方針第4、2）、また、仙台空港特定運営事業等公共施設等運営権実施契約書（案）[14]では、保険について次のような定めを設けている。

別紙10　保　　険

　本契約第29条第1項に基づき、運営権者又はビル施設事業者の責任と費用負担により付する保険の種類及び金額は以下のとおりとする。ただし、以下に列挙する保険は、最小限度加入すべき保険であり、運営権者又はビル施設事業者の判断に基づきその他の保険契約を締結することを妨げるものではない。

1．運営権設定対象施設について付保することを義務づける保険
　① 土木構造物保険・主契約（台風、旋風、暴風、突風その他の風災、洪水、内水氾濫その他の水災、豪雨による土砂崩れもしくは崖崩れ、高潮、地滑り、落盤、落雷、火災、雹災、豪雪、雪崩、氷、降雨、他物との衝突、テロ行為等（政治的、社会的もしくは宗教・思想的な主義・主張を有する団体・個人またはこれと連帯するものがその主義・主張に関して行う暴力的行動その他類似の行為をいう。）又はこれらに類似の事由によって生じた損害に対する補償）
　　支払限度額：10億円
　② 土木構造物保険・地震危険担保特約（地震・津波・噴火によって生じた損害に対する補償）
　　支払限度額：10億円
2．運営権者又は運営権者子会社等が所有権を有する資産について付保することを義務づける保険
　① 企業財産包括保険

13　国土交通省HP
14　国土交通省HP

②　動産保険
③　火災保険
④　運送保険
⑤　レジャーサービス施設費用保険
3．空港用地等全体に共通して付保することを義務づける保険
①　空港管理者賠償責任保険

　上記のとおり、仙台空港の事案では、予想最大損害額を10億円と想定し、この全部をカバーできる保険に加入することを、運営権者に義務づけ、不可抗力による追加費用・損害については、保険でカバーする方針であることを明確にしている。

　また、仙台空港の運営権実施契約例やシカゴ・スカイウェイの件では、不可抗力事由について、従来のPFI事例にはみられなかった特徴的な定めを置いている。すなわち、不可抗力により運営権者に追加費用・損害が発生した場合に、当該費用・損害について、管理者も一部負担等をするものの、それは単純に金銭の支払というかたちをとるのではなく、運営権実施期間の延長を認める等、運営権者の利益獲得機会の増加を認めることにより一定の支援をするという方法である。

　たとえば、仙台空港の運営権実施契約書案では、不可抗力によって運営権設定対象施設に物理的な損傷が生じ、これを復旧して空港機能を回復させる必要性があるものの、運営権者が付保した保険では当該復旧工事をカバーできない場合は、国は、事業継続措置をとるが、それ以上の増加費用・損害については、これを回収するために必要があると認められる場合、運営事業期間の延長を協議で認める、あるいは、必要な範囲で協議のうえ契約の見直しを行うというものである。

仙台空港運営権実施契約案[15]

（不可抗力の発生）
第46条　本契約締結日以降、不可抗力により本事業の全部又は一部の遂行が困難となった場合、運営権者は、その内容の詳細を記載した書面をもって、直ちに国に対し通知しなければならない。

2　前項の通知があった場合又は国が自ら不可抗力が発生していると認識した場合、国は、運営権者とその対応方針について協議するとともに、当該協議開始から速やかに、運営権者が本事業を継続するにあたって国による事業継続措置[16]の必要性があるか否かを判断し、これを運営権者に対して通知する。ただし、本空港が不可抗力滅失[17]している場合はこの限りでない。

3　前項の判断にあたっては、不可抗力によって運営権設定対象施設に物理的な損傷が生じていることから、これを復旧して空港の機能を回復させる必要性があり、運営権者が【第29条第1項により付保した保険によってもその損傷の全部又は大部分を復旧することができないと認められる場合】[18]は、国は、事業継続措置の必要性があるものと認定する。

（不可抗力による措置－国による事業継続措置）
第47条　前条第2項の規定に基づき、国が事業継続措置の必要性を認め、その旨の通知を運営権者に対して行った場合、国は、事業継続措置を実施する。なお、国が事業継続措置を実施したときは、運営権者は、第29条第2項に基づき、運営権者が付保した保険契約に係る保険金等を、国が受領することができるよう必要な措置をとらなければならない[19]。

15　国土交通省HP
16　同契約別紙1定義集(65)では、「事業継続措置」とは、46条2項により国が必要性を認定した場合に、運営権者による事業継続のために、国が空港法の規定に基づく費用負担により、運営権設定対象施設を復旧するために実施する措置をいう、とされている。
17　同契約別紙1定義集(94)では、「不可抗力滅失」とは、本空港について、不可抗力によって空港基本施設等および空港航空保安施設に生じた物理的な損害により、空港の機能を回復させるために必要となる施設すべてを復旧させるための費用がこれら施設を新たに建設するよりも高額となることが明らかである場合等、空港の機能を一定期間内に回復させることが経済的に不合理かつ物理的に不可能または著しく困難な場合をいう、とされている。
18　「第29条の脚注に記載のとおり、国の承諾により保険に代替する措置を選択された場合には、本記載の内容についても見直すものとします。」と注記されている。
19　「第29条の脚注に記載のとおり、国の承諾により保険に代替する措置を選択された場合には、本記載の内容についても見直すものとします。」と注記されている。

2 　前項の場合、国と運営権者は、協議により不可抗力からの本事業の復旧スケジュール（次条第2項第2号に基づき本契約上の履行義務が免責される場合には、当該履行義務を再開する日を含む。）を決定する。
（不可抗力に伴うその他の措置）
第48条　前2条の場合を除き、国は、不可抗力により運営権者及びビル施設事業者に発生した増加費用又は損害を負担せず、この場合運営権者は、自ら又はビル施設事業者をして、その費用及び責任において本事業を継続しなければならない。（中略）
2 　前項の規定にかかわらず、不可抗力により本事業について増加費用若しくは損害が発生し、又は本事業の全部又は一部の停止が発生した場合（以下「不可抗力による障害」という。）であって当該不可抗力による障害によって発生した増加費用又は損害を回復するために必要がある場合には、前条に定める事業継続措置が実施されているか否かに関わらず、運営権者は、以下の事項のいずれか又は両方につき国に協議を申し入れることができ、国は必要な範囲でこれを認めることができる。
⑴ 　第62条第2項第2号に定める合意延長[20]
⑵ 　国は、不可抗力による障害により、履行困難となった本契約上の義務について、当該不可抗力による障害が排除されるまで又は本契約解除までの期間について、運営権者又はビル施設事業者の履行義務を必要な範囲で免責する。
3 　前項の場合において、不可抗力による障害が3ヶ月以上継続し又は継続することが見込まれるときは、運営権者は本契約の見直しの協議を国に申し入れることができる。この場合において、不可抗力による障害によって本事業の前提となる環境に重大な変化が生じていると国が認めたときは、国と運営権者は協議の上、必要な範囲で本契約の見直しを行う。
4 　国が、不可抗力に起因して緊急事態が発生したと判断した場合には、第53条の規定に従う。

---

[20] 同契約62条2項　運営権者は、空港運営事業開始日を始期とし、運営権設定日の30年後の応当日の前日（又は本契約に基づき期間が変更された場合は当該変更後の日）を空港運営事業終了日とする期間中、空港運営事業を実施する。ただし、以下の場合には当該期間を延長し、当該期間の終期をもって空港運営事業終了日とする。（中略）⑵（中略）第45条第1項但書、第48条第2項第1号に定める場合、運営権者は空港運営事業期間の延長を申し出ることができる。このとき、国が各事由において運営権者に生じた損害又は増加費用等を回収する必要があると認めた場合には、国と運営権者が協議により次項の規定の範囲内で両者が合意した日まで空港運営事業期間及びビル施設等事業期間を延長することができる（かかる期間を「合意延長」という。）。なお、合意延長の実施回収は1回に限られない。

> （不可抗力による本契約の終了又は解除）
> 第72条　本空港の不可抗力滅失の場合、本契約は当然に終了する。
> 2　第47条第1項に定める不可抗力により国による事業継続措置が行われる場合であって、第47条第2項に定める本事業の復旧スケジュールを決定できない場合、又は、決定されたスケジュールによること（若しくは、第48条第2項第2号で履行義務が免責された場合は、当該義務を再開すること）が不可能又は著しく困難であることが判明した場合、国は本契約を解除する。
> （運営権放棄・取消等及び損失の負担－不可抗力解除）
> 第81条　第72条第1項により本契約が終了した場合には、国及び運営権者は、遅滞なく運営権の抹消登録を行う。また、第72条第2項により本契約が解除された場合、国は自らの判断により、運営権者に対して、運営権を放棄させる又は国の指定する第三者に無償で譲渡させることができ、運営権者は国の指示に従うものとする。
> 2　国、運営権者及びビル施設事業者のいずれも、第72条による本契約の解除又は終了によって発生した損害については、自ら負担するものとする。ただし、第72条第1項により本空港が不可抗力滅失し、本契約が終了した場合、国は、前条第2項の定めに従い損失の補償（前条第2項本文なお書きは適用しない。）を行う。

　また、シカゴ・スカイウェイの案件では、不可抗力事由が生じたことにより、事業者が得べかりし経済的地位を回復するために、不可抗力救済手段（Force Majeure Remedy）という権利を行使することが認められている。これは、不可抗力事由が発生しなければ事業者が得ていたであろう経済的地位を回復するために十分なレベルまで、料金を増額し、または、契約期間を延長する権利とされている。施設管理者であるシカゴ市の資金支出をすることなく、民間事業者の経済的利益を確保しようとするスキームであり、わが国における運営権事業においても参考になる（詳細は、第4章第5節3(6)参照）。

(2) 浜松市下水道終末処理場、大阪市水道

　浜松市下水道終末処理場実施方針素案では、不可抗力リスクについて、基本的には運営権者の負担としつつ、一定の場合、国庫負担の対象となることをふまえて、市の財政支出を伴わないかたちでの事業継続措置を行うとして

いる。

> **2 リスク分担の基本的な考え方**
> 運営権者は、本事業において、その自主性と創意工夫が発揮されるように、本事業に係るリスクは、実施契約等に特段の定めのない限り、運営権者が負う。以下、例外的に市がリスク負担することがある場合を列挙する。(中略)
> ① 不可抗力
> ・市及び運営権者のいずれの責めにも帰すべからざる豪雨、暴風、高潮、洪水、落盤、地滑り、噴火、地震、津波、戦争、暴動、騒乱、騒擾、疫病、テロ等本事業の実施に直接かつ不利な影響を与える等実施契約に定める一定の要件を満たした事象(以下「不可抗力」という。)が生じた場合であって、公共土木施設災害復旧事業費国庫負担法に基づく国庫負担(以下「国庫負担」という。)の対象となる場合は、運営権者は本事業の復旧のためのスケジュール(以下「復旧スケジュール」という。)を策定して市の承認を得るものとし、市と運営権者は復旧スケジュールを踏まえて運営権設定対象施設の復旧のための措置(以下「事業継続措置」という。)を講ずるものとする。なお、市は、運営権者に対し、復旧スケジュールの期間内における運営権者の契約上の義務履行を免除するものとする。
> ・市が行う事業継続措置は、復旧スケジュールに基づく事業の継続のために必要な財源の確保(合意による契約期間の延長及び運営権者に対する市からの対価の支払い、下水道利用料金の改定等から、市が必要と考える内容を選択し、組み合わせたもの)を主な内容とする。

大阪市水道事業実施方針でも、ほぼ同様の方針とされている模様である。

第3節 法令変更リスクの分担

1 総論

　法令の変更は、官側が行うものであり、運営権者はコントロールすることができない。この点を強調すれば、およそ法令の変更リスクについては、管理者側で負担すべきことのようにも考えられる。

　もっとも、法令のなかには、広く事業者一般に適用のあるものもある。法人税や消費税といった事業者一般に適用があるものについては、運営権事業においても運営権者が負担すべきである。

　従来のPFI事例では、特定の事業に特別にまたは類型的に影響を及ぼす法令変更に基づき事業者に生じた追加費用・損害については、管理者が負担し、それ以外の法令変更に基づき事業者に生じた追加費用・損害については、事業者が負担するものと定める例が多かった（法務と実務146頁）。

　もっとも、独立採算型の場合は若干様相が異なる。

　次の表は、比較的近時のPFI事例のうち独立採算型の事業契約書案における法令変更リスクの分担例を記載したものである。

過去の独立採算型PFI事例における法令変更リスクの分担例

事例	事業方式	事業契約における分担条項
那覇国際物流関連施設整備・運営事業　事業契約書案[21]	BOO	63条1項　法令変更により乙（筆者注：民間事業者）に増加費用及び損害が生じるときは、乙が当該増加費用及び損害を負担するものとする。
女川町水産加工団地排水	BTO	別紙12

21　那覇空港HP

処理施設整備等事業　事業契約書案22		1　本件事業に直接関係する法令変更の場合は、町が負担する。 2　消費税及び地方消費税その他類似の税制度の新設・変更の場合は、町が負担する。ただし、消費税及び地方消費税の税率の変更については、本件事業契約に基づき授受する金員の額をその増減に合わせて変動させるものとする。 3　「1」「2」以外の場合は、事業者が負担する。
新神戸ロープウェー再整備等事業（PFI事業部分）事業契約書案23	RO	72条1項　本件契約に別段の定めがある場合を除き、本事業に直接関係する法令改正等によって、乙（筆者注：民間事業者）に追加費用又は損害が生ずる場合、乙は、当該事実が発生した後、直ちに当該損害又は損失の状況を甲に通知しなければならない。 2　前項の追加費用又は損害のうち合理的な範囲の追加費用又は損害について、甲はこれを負担する。（中略）本事業に直接関係する場合以外の法令改正等による乙の追加的費用又は損害については乙の負担とする。
秋山川浄化センター再生可能エネルギー発電事業事業契約案24	BOT	67条3項　全て事業者の負担とする。
海の中道海浜公園海洋生態科学館改修・運営事業事業契約案25	RO	57条　法令等若しくは税制度の変更、追加により生じる本事業の費用の増加又は収入の減少は、事業者が負担するものとする。

22　女川町HP
23　神戸市HP
24　日本PFI・PPP協会HP
25　国土交通省九州地方整備局HP

東京国際空港国際線地区貨物ターミナル整備・運営事業　事業契約書案[26]	BOO	70条1項　法令変更により事業者に増加費用及び損害が生じるときは、事業者が当該増加費用及び損害を負担するものとする。
横浜市環境創造局北部汚泥資源化センター消化ガス発電設備整備事業　事業契約書案[27]	BTO	別紙9　法令変更による損害金及び増加費用分担規定（注：下記のカッコ内は筆者） 本事業に直接関係する法令の変更の場合 甲（官）100％　　乙（民）0％ 甲の支払う対価に係る消費税率の変更の場合　甲　100％　　乙　0％ 上記以外の法令の変更の場合 甲　0％　　乙　100％

　上記事例の限りでは、BOTまたはBOOの場合は、法令変更リスクの全部を民間事業者が負担し、BTOの場合には、サービス購入型の従来型PFI同様、官民でリスクを分担している。これは不可抗力の場合と類似した発想でリスク負担を決定したものと思われる。

　すなわち、BOTまたはBOOの場合、PFI事業期間中、対象施設の所有権を民間事業者が保有し、当該施設を利用者に提供して得られる利用料金も民間事業者が収受して自らの収入とし、維持管理運営業務のいずれも民間事業者が負担する以上、官側としてはリスク・コントロールが困難である一方、民間事業者は施設を所有し、維持管理運営し、また、利用料金を収受するものとして、リスクの軽減を講じる可能性があるという発想のもと、民間事業者に全部を負担させているものと思われる。

　運営権を設定する事業においても、民間事業者が入札時に運営権対価を決定して事業者提案を提出する際には、現行の法令を前提とするものであり、また、法令変更を民間事業者側においてリスク・コントロールできない点は、従来のPFI事例と変わりはない。

26　国土交通省HP
27　横浜市HP

そして、運営権の場合は、利用料金は自らの収入として収受するものの、施設の所有権自体は官側が保有し続けるという意味では、独立採算型のBTO事業に類似するということもいいうる。

　そこで、基本的には、従来の独立採算型・BTOの場合と同様、官民がリスクを分担する場合が多くなるものと考えられる。

　もっとも、運営権の実施する施設や運営権実施の形態にもさまざまなものが考えられ、どのようなリスク分担が合理的であるかは、各事例ごとの特色に応じて検討する必要がある。

2　事　例

(1)　仙台空港、浜松市終末処理場、大阪市水道

　仙台空港運営権実施契約案[28]では、法令等の変更により、運営権者またはビル施設事業者に増加費用または損害が生じる場合、原則として、運営権者またはビル施設事業者がその増加費用または損害を負担することとされている（45条1項本文）。ただし、法令等の変更のうち、別紙1に定める「特定法令等変更」の場合については、国は、事業期間の合意延長とする方法または補償金の支払のいずれかの方法により、特定法令等変更により運営権者またはビル施設事業者に生じた増加費用または損害を補償するとしている（45条1項ただし書）。

　ここで「特定法令等変更」という基準が設けられているため、その意味が重要となるが、これは「①運営権者又はビル施設事業者にのみ適用され、他の者に適用されない法令等の変更、②民活空港運営法に基づく公共施設等運営権の主体にのみ適用され、その他の者に適用されない法令等の変更、又は③本空港にのみ適用され日本における他の空港には適用されない法令等の変

28　国土交通省HP

更のうちいずれかであって、運営権者に不当な影響を及ぼす日本国が行う法令等の変更をいう。」とされている（同契約案別紙1 (77)）。

　ここでの①～③は、従来のPFI事例における基準である「事業に特別に又は類型的に影響を及ぼす法令変更」「事業に直接関係する法令変更」という基準よりも施設管理者側のリスク分担をする範囲が狭い基準と考えられるが、運営権者に『不当な影響を及ぼす』という表現については、その範囲が不明確な部分がある。たとえば、空港一般に適用される夜間飛行時間の制限や騒音補償に関する法令の変更等は、上記①～③に該当せず運営権者負担となる可能性があると考えられる（新関西国際空港の事例においても、「特定法令変更」という概念が採用されているが、そこでは上記のようなリスクは運営権者負担であるとの見解が示されている[29]）。

　また、運営権者にとって事業者提案提出時と比べて経済的に不利益な影響を及ぼすものをもって『不当な影響を及ぼす』と評価されることになるのかは必ずしも明らかではなく、今後の当該事業の手続進行を待つ必要がある。

　以下は、仙台空港の事案における法令等変更に関する関連条文である。

仙台空港運営権実施契約案[30]

（法令等の変更）
第45条　法令等の変更により運営権者又はビル施設事業者に増加費用又は損害が生じるときは、運営権者又はビル施設事業者が当該増加費用又は損害を負担するものとする。ただし、法令等の変更のうち**特定法令等変更**により（運営権者又はビル施設事業者の責めに帰すべき事由により当該特定法令等変更が行われた場合を除く。）、運営権者又はビル施設事業者に増加費用又は損害が発生した場合、国は、両者合意の上で第62条第2項第2号に定める合意延長とする方法又は国による補償金の支払いのいずれかにより、当該増加費用又は損害について補償するものとする。
2　本契約締結日以降、法令等の変更により本事業の遂行が困難となった場合又はそれが見込まれる場合、運営権者は、その内容の詳細を記載した書面を

29　新関西国際空港HP
30　国土交通省HP

もって、直ちに国に対し通知し、かかる法令等の変更に対する対応方針を報告しなければならない。
（特定法令等変更による本契約の解除）
第73条　事業期間中に発生した特定法令等変更（運営権者又はビル施設事業者の責めに帰すべき事由により当該特定法令等変更が行われた場合を除く。）により、本契約に基づく義務のうち全部又は重要な部分の履行が不可能となったときは、国又は運営権者は、本契約を解除することができる。
（運営権取消等及び損失の補償－国事由及び特定法令等変更解除）
第80条　（中略）**第73条により本契約が解除された場合**、国は、PFI法第29条第2項に基づく聴聞を行った上で、PFI法第29条第1項第2号に基づいて運営権を取り消し、国及び運営権者は、遅滞なく運営権の抹消登録を行う。また、第71条第2項により本契約が終了した場合には、国及び運営権者は、遅滞なく運営権の抹消登録を行う。
2　前項の場合（第71条第2項による本契約の終了については、国の責めに帰すべき事由がある場合に限る。）、国は、運営権者に対して、以下各場合の金額または計算式により算出される金額分の損失の補償を行う。なお、国は、当該計算式により算出される金額以上の増加費用又は損害が運営権者に発生していると認める場合には、超過分を支払うものとし、また、運営権者又はビル施設事業者の責めに帰すべき事由によって発生した損失等がある場合にはこれを除くものとする。
(1)　運営権対価支払日（運営権対価を支払った日。以下同じ。）以降、空港運営事業開始日前に解除又は終了した場合：
運営権対価の全額
(2)　空港運営事業開始日以降に解除又は終了した場合：
「支払済みの運営権対価」に、「契約解除時点から空港運営事業終了予定日（第62条第2項各号に定めるオプション延長又は合意延長が実施されている場合は当該延長日。以下同じ。）までの月数（1ヶ月に満たない月数は切り上げる。）」を乗じ、「当該時点において契約解除がなかった場合の空港運営事業開始日から空港運営事業終了予定日までの月数（1ヶ月に満たない月数は切り上げる。）」で除した金額（この場合、運営権者は、本契約解除事由発生後にオプション延長又は合意延長の実施はできないものとする。）

浜松市終末処理場、大阪市水道の各事例でも、ほぼ同様のリスク分担が定められている。

> **浜松市終末処理場実施方針素案**
>
> ③ 国の特定法令等変更及び市の特定条例等変更
> ・本事業期間中に、下水道事業における公共施設等運営権の主体にのみ適用され、運営権者に不当な影響を及ぼす国の法令、政策等の変更等実施契約に定める一定の事由（以下「特定法令等変更」という。）が生じた場合は、市及び運営権者に生じた損害は各自が負担する。
> ・本事業期間中に、本事業の運営権者のみ又は市における運営事業の公共施設等運営権者に適用され、運営権者に不当な影響を及ぼす市の条例、政策等の変更等実施契約に定める一定の事由（以下「特定条例等変更」という。）が生じ、運営権者に損失が生じた場合、市は、当該特定条例等変更によって運営権者に生じた損失を補償する（損失の補償として本事業期間を延長する場合を含む。）。

(2) 但馬空港

但馬空港の運営権実施契約では、事業に関する法令が改正された場合等において契約の変更等が必要であると認められるときは、兵庫県とすみやかに協議し、変更契約を締結するものとし、また、兵庫県は、事業に関する法令の改正等により、本事業を実施することができなくなったと合理的に認められるときは、但馬空港ターミナル株式会社の意思にかかわらず、契約の一部または全部を解除することができるとしている[31]。

確定的にいずれかの分担であるとするのではなく、法令変更等の内容に応じて協議により合理的な契約修正を行おうとするものであり、従前のPFI事例においてはあまり活用されなかった手法である。事案によっては、有効な手法となりうると思われるが、協議が整わない場合のリスクは結局、だれが負担するのかといった課題はある。

31　兵庫県HP

第4節　需要リスクの分担

　運営権事業においては、運営権者自らが利用料金を収受することを前提とするものであり、利用料金の届出制であって一定の範囲のもとで運営権者の裁量で利用料金を定めることができる。そのため、収入の多少は運営権者がリスクを負担するべきものである。需要についての予想が外れたとしてもそれは運営権者が負担するべきものであり、基本的には官側は一部の負担もするべきものではない。

　もっとも、サービス需要が不安定または予測困難な事業、需要変動の需要幅が小さい事業等については、運営権者において全面的にリスクを負担することがむずかしい場合もあると指摘されている[32]。

　このような事業においても、およそ運営権事業であるとの理由のみをもって、いっさい、官側ではリスクを負担しない、ということとなると、事業者としては当該リスクを負いきれないということで応募を差し控え運営権事業自体が成立しないか、無理をしてリスクを負担する事業者が現れたとしても需要リスクが顕在化した場合には、事業が不採算となり頓挫することになりかねない。実際、これまでのPFI事業が中途で破綻した例は、いずれも需要リスクについての適切な予測、対応を怠ったと評価できるものである（第5章第2節参照）。

　下水道ガイドラインでは、人口減少・節水による流入水量の減少に伴い、当該事業の収入が減少する場合について、「事業の前提条件として用いる水量について、管理者の予測値、または運営権者の予測値のいずれを用いたかによって、負担者が異なることも考えられる」とし、「一定の水量減少については運営権者が負担とする。ただし、予め契約時に想定できなかった大規模工場の撤退や開発計画の中止等、予め定めた一定量を超えて著しく水量が

---

[32] 末廣裕亮「コンセッション方式を利用したPFI事業におけるリスク分担について（上）」NBL№1054

減少する場合には、管理者と運営権者が負担等について協議することを規定することも考えられる」としている[33]。

また、従来型のPFI事例においても、東日本大震災で被災した女川町における水産加工団地排水処理施設整備等事業では、次のとおり、基本的に維持管理・運営業務は独立採算方式を採用し、当該業務に要する費用は事業者負担としつつ、一定の最低保証制度を活用している。すなわち、同事業では、維持管理・運営業務については、排水事業者から徴収する使用料金および流量計使用料金によって当該業務に係る経費をすべてまかなう独立採算制を原則とし、そのため、町から事業者に対する維持管理・運営に係る対価の支払は原則として発生しないものとしつつ、ただし、排水処理施設に流入する排水の量が一定の基準を下回る場合も考えられ、排水量は、事業者自身がコントロールできないリスク要因であるため、年間の排水の量が一定基準を下回る場合には、当該施設の維持管理・運営業務に必要となる経費のうち、排水を処理しなくても（受入水量がゼロ立方メートルになっても）要する費用については、町がその一部を維持管理・運営に係る対価として事業者に支払うものとしている[34]。

女川町水産加工団地排水処理施設整備等事業　事業契約書（案）（修正版）[35]

（独立採算及び最低保証）

第58条　事業者は、維持管理・運営業務に要する費用は全て第57条に規定する使用料金等をもって賄うものとし、町は維持管理・運営業務に係る費用を負担しない。

2　前項にかかわらず、維持管理・運営期間中の各事業年度において、本施設に流入する排水の量が別紙8に定める基準排水量を下回った場合には、町は事業者に対し、維持管理・運営に係る対価（最低保証）として、別紙8に定

---

[33] 下水道ガイドライン3－6－4表9
[34] 女川町水産加工団地排水処理施設整備等事業の募集要項「別紙1　事業者の収入について」（平成25年11月12日）女川町HP
[35] 女川町HP

> める金額を支払うものとする。

　また、想定外の需要増によるリスクもありうる。この点、下水道ガイドラインでは、「施設能力を明らかに超える流入がある場合には、施設増設が必要であり、管理者側の責任と考えられる」「コンセッション方式では設置（新設）に伴う行為は業務対象外である」としている[36]。これは施設の増改築の限界とも関係するが、需要増についても、基本的には運営権者の負担とされる場合も多いと思われ、事業者側で更新投資によって対応できる場合もありうる。

　上記のようなガイドラインや事例も参考にしつつ、各事例に応じて、適切な需要リスクの分担を検討する必要がある。

---

[36] 下水道ガイドライン3－6－4表9

| 第5節 | 運営権対価の支払（プロフィット・シェアリング） |

1　総　　論

　PFI法20条は、施設管理者が、実施方針に従い、運営権者から、施設の建設、製造または改修に要した費用に相当する金額の全部または一部を徴収することができるとしているが、これを超えて、運営権設定自体の対価の徴収が可能かどうかについては明記していない。

　しかし、ガイドラインは、運営権者からの費用の徴収は、PFI法20条に規定する公共施設等の整備等に要した費用に限定されるものではないとしており（ガイドライン7(1)2-1.(4)）、運営権の設定の対価を運営権者から徴収することは可能と解されている。運営権制度導入に係るPFI法の改正当時の内閣府担当者によれば、たとえば、非常に採算性の高く、利用料収入が施設建設費を上回ると見込まれるような施設について、施設建設を行った民間事業者に対し施設建設費を超える利用料収入部分について負担を求めることも、両者が合意すれば当然可能であるとしている（倉野・宮沢(5)82頁）。

　上記のような採算性のとれる事業のほか、それほど採算性の高くない事業の場合、むしろ、建設等費用に相当する金員の徴収はせず、利用料収入部分について一定の負担を求めることが実務上は多くなるのではないかと推測される。運営権（所有権の諸権能のうちの使用収益権）という物権を付与するのであるから、賃貸借契約における賃料と同様、当該使用収益権に対応する対価を徴収することには合理性がある。

　会計処理研究報告では、運営権対価について、次のように述べている。

〈運営権対価〉
・運営権対価は、運営権が設定されることによって運営権者が将来得ら

れるであろうと見込む事業収入から事業の実施に要する支出を控除したものを現在価値に割り戻したもの（利益）を基本とし、各事業のリスクや優位性等を勘案した対価の引下げ、上乗せ等による調整を行った金額等の合理的な手法により算定されることが考えられる。なお、運営事業に付随して管理者等から売払いを受ける施設や物品等がある場合、運営権者は運営権対価とは別にその購入金額を支払うことが考えられる。
- 運営権は管理者等の設権行為により発生することから、運営権対価は施設等の売買と区別される。価格は実施契約において管理者等と運営権者が定めた固定価格であり、その価格は一に定まる。

〈運営権対価の支払方法〉
- 運営権対価は一括払いを前提とするが、分割払いとすることも想定される。

〈運営権の減価償却〉
- 運営権が設定される施設等の減価償却期間が経済的耐用年数となるのに対して、運営権者における運営権の減価償却期間は実施契約に規定される運営事業の事業期間となる。

3 論点及び会計処理方法
　(2) 運営権者による運営権対価の会計処理方法
- 上記のとおり運営権は事業期間中、公共施設等を運営し、収益する権利であり、公共施設等の売買と区別されることから、設定時に無形固定資産に計上し、運営事業の事業期間にわたり減価償却過程を経て費用認識することが考えられる。

（中略）
- 運営権対価を分割払いとする場合、無形固定資産として計上する運営権の取得価額は、一定の割引率によって計算された割引現在価値により算定されることとなる。対価の未払分は、「長期未払金」として管

理者等に対する債務として計上することが考えられる。

　ここでは、運営権の対価は固定価格であって一に定まるものとされている点、原則一括払いであり、分割払いの場合は長期未払金として計上すべきとされている点が注目される。この点、賃貸借契約の場合も通常、賃料は固定価格であるものの、事案によっては、収入に連動した増減をさせることも契約自由の原則により許されており、実際、そのような連動型賃料を採用する賃貸借契約も広く通用している。

　この点、運営権という物権の設定の対価は、必ず固定価格でなければならないかについてはなお議論が必要なように思われる。

　特に、プロフィット・シェアリング（各事業年度の収益があらかじめ規定された基準を上回った場合に、その程度に応じて運営権者から管理者等に金銭を支払う条項。ガイドラインの7⑴2－1.⑻）を設ける場合に、これは運営権の対価とみる余地があるようにも思われる（第2章第4節参照）。

2　事　例

⑴　仙台空港運営権実施契約案

　仙台空港運営権実施契約案では、事業による収入は、すべて運営権者またはビル施設事業者の収入とされ（5条）、運営権者は、ビル施設等事業期間開始後、空港運営事業開始予定日までに、国に対して、国が指定する方法により運営権対価を一括で支払うとされている（22条）。

仙台空港運営権実施契約案[37]

（本事業の収入）
第5条　本契約に基づく本事業による収入は、すべて運営権者又はビル施設事業者の収入とする。

（運営権対価の支払い及び返還）
第22条　運営権者は、ビル施設等事業期間開始後、空港運営事業開始予定日までに、国に対して、国が指定する方法により運営権対価を一括で支払う。
2　国は、本契約で別途定める場合を除き、前項の運営権対価を返還する義務を負わない。ただし、本項の規定は、本契約又は法令等に基づき、国から運営権者に対する損失補償等を行うことを妨げるものではない。
3　第62条第2項各号に定めるオプション延長又は合意延長が実施された場合であっても、第1項に定める以外に運営権対価の支払義務は発生しない。

(2) ヌエック運営権実施契約案

ヌエック運営権実施契約案では、基本的には、運営権の対価を実施期間中、期間に応じて支払う方式が採用されている。

次は、本件の入札説明書等に関する質問回答である（「(仮称)国立女性教育会館公共施設等運営事業及び施設・設備長期維持管理業務委託　入札説明書等に関する質問書への回答」[38]より）。

【質問】
①　入札参加者の提案による運営権対価は、現在価値に割り戻した価格を提示するとの理解で宜しいでしょうか。②　その場合、適用する割引率の前提条件に対する考え方をお示し下さい。「コンセッション」という性質上、割引率の設定には市場基準、収益還元基準等複数のアプローチ手法が存在するため、どの評価基準を用いるかで結果が異なります。本入札において管理者が想定する予想運営権対価額を上回らなければ失格する条件となっている以上、ヌエック殿が想定している前提条件（考え方）が明らかにされないと、事業者の円滑な検討に支障をきたす恐れがあるばかりか、当該事業の公平性・透明性・競争性を欠く懸念があります。

---

[37]　国土交通省HP
[38]　ヌエックHP

【回答】
①　本事業においては、現在価値に割り戻す算定方式はとっておりません。入札参加者にご提案頂く「提案運営権対価」の算出方法は、運営権者が事業期間中の各年度において得られるであろうと見込む事業収入から事業の実施に要する支出等を控除したものの事業期間（10年間）合計金額とします。運営権対価の支払い方法は、各年度に、上記各年度の算出金額を支払うものとします。②　①より、割引率の前提条件もありません。

　運営権の対価については、すでに実施された施設の整備等に要した費用の全部または一部を運営権者に負担させる場合もあれば、運営事業を行わせること自体の対価を運営権者に支払わせる場合もあることは上述したとおりであるが、後者の場合は、賃貸借契約において賃借人が支払う借賃と類似した趣旨となるから、これを実施期間中に定期的に支払うのはむしろ原則的形態とも考えられる。本件では、このような整理に基づき、実施期間中、10年にわたり、各年度の支払いを予定するものであり、事業価値の割戻しは予定していない。

　このような運営期間に応じた対価の支払を認めることで、民間側は、運営権設定時に多額の資金調達を行う必要がなくなり、運営権を実施する事業から生まれる収益での対価支払が可能となることから、資金調達に伴う金利負担が生じず、参入が容易になるというメリットがある。

　また、施設利用料金等については、運営権者が徴収し自らの収入とすることができるが（ヌエック運営権実施契約案31条1項）、1事業年度における施設利用料金等その他事業の実施による運営権者の収益が別紙5に定める金額を超える場合には、運営権者は、ヌエックに対し、別紙5に従って算出される金額を支払う必要があるとしている（31条5項。プロフィット・シェアリング条項）。

(3) 大阪市水道事業実施方針

　大阪市水道事業においては、運営権者が支払う対価として、
① 運営権者譲渡対象資産の取得対価
② 市が本事業開始日までに運営権設定対象施設の建設、製造または改修に要した費用の一部
③ 本特定事業に係る運営権の設定に対する対価（運営権者が将来得られるであろうと見込む事業収入から、事業の実施に要する支出を控除したものを基本として算出した額）

という3種の対価を設けている点に特色があり、今後の参考となる。
　そして、それぞれの支払方法については、
① については、運営権者譲渡対象資産を市から譲り受ける際に株式によりその取得対価を支払う
② については、本事業開始日までに市が取得した運営権設定対象施設に限り、毎年度、市において発生する減価償却費相当額を支払う
③ については、本事業期間にわたる分割払いを基本とし、分割の方法については市と運営権者による協議によって定めるものとする

としている。
　また、市は、運営権者が支払う上記の対価等を、市が本事業開始日までに発行した企業債の未償還残高の元利償還金や、施設保有上の支出、運営権者のモニタリング費用など、本事業期間における市の費用に充てることとするとしている（以上、大阪市水道事業実施方針）。

第 6 節　瑕疵担保責任

1　運営権と瑕疵担保責任との関係

　運営権はPFI法によって物権とみなされている。物を売買した場合に、当該物に隠れた瑕疵があれば、売主側は瑕疵担保責任を負担することになる（民法570条）。
　運営権の設定も、物の使用収益権限を管理者が民間事業者に移転させるものであり、民間事業者側では当然、瑕疵のない完全な施設であることを前提として、運営権の対価を支払うことを約し、収益計画を立てる。そこで、事業の途中で施設に隠れた瑕疵が発見された場合には、当該瑕疵を修復しないと、民間事業者は当初予定していた計画どおりの収益をあげるのが困難となる。当該瑕疵は運営権設定前から存したものであるので、運営権者において当該瑕疵をコントロールできるものではなく、民法570条と同様、運営権を設定した管理者側で当該瑕疵に基づく損害を補てんすべきであるとの考え方もありうる。
　また、運営権の設定は、物を使用収益する権利を付与するという意味において賃借権の設定と類似する面がある。
　この点、民法では賃貸人に賃貸物の使用および収益に必要な修繕をする義務を負担させており（606条1項）、運営権についても管理者側で修繕義務を負担するという建付けも理論上は考えられうる。もっとも、運営権者自体が施設の維持管理を行う事例においては、修繕も運営権者に行わせたうえで、増加費用を管理者側が負担するというのが自然とも考えられる。
　事例に応じて適切な対応を検討することになろう。
　なお、下水道ガイドラインでは、デューデリジェンス（事業者選定期間中に、応募者が収益の見込額や、事業運営コスト、事業運営上のリスクを把握する

ことを目的として実施する情報の精査）を事業者に行わせることにより、基本的には、事業者自身でリスクを判断したうえで応募の可否等を決定することの重要性を指摘しており、施設の瑕疵のリスクの有無についても基本的にはデューデリジェンスをふまえて事業者が判断しリスクを負担することとしつつ、運営権者選定時のデューデリジェンスや現地調査では完全に想定することが困難な改築更新需要量増大リスクや当初期間の突発修繕費の増大リスク（一定期間以内の場合）に限って、官側で負担するといった方式が提案されている（同ガイドライン３－６－１、表９参照）。

2 事　　例

最近の運営権を設定しようとする事例においても、運営権実施契約のなかで、瑕疵担保責任の規定を設けている。

(1) 仙台空港運営権実施契約案

仙台空港運営権実施契約案においては、公共施設等運営権設定の対象施設について、空港運営事業開始日以後６カ月間の瑕疵担保期間が定められ、瑕疵があった場合、事業期間の合意延長の方法または運営権対価の金額を上限として補償する方法のいずれかにより、瑕疵から運営権者に発生した損害について補償するものとされ、これは、運営権設定日以後空港運営事業開始日までの期間に瑕疵が発見された場合も同様である（16条１項）。

仙台空港運営権実施契約案[39]

（運営権設定対象施設の瑕疵担保責任等）
第16条　前条第１項の規定により引き渡された運営権設定対象施設について、空港運営事業開始日以後６ヶ月を経過するまでの期間（以下本条において

---

[39] 国土交通省HP

「瑕疵担保期間」という。）に瑕疵（空港運営事業開始日時点で、当該施設において法令上又は要求水準上求められる基準を満たさないこととなる物理的な瑕疵であって、募集要項等国が優先交渉権者に開示した資料及び本契約締結前に優先交渉権者又は運営権者が知り得た情報から合理的に予測することのできないものに限る。なお、経年劣化は瑕疵に該当しない。以下本項、第2項及び第3項において同じ。）が発見された場合、運営権者は速やかに国に通知する。この場合、両者合意の上で第62条第2項第2号に定める合意延長とする方法又は国が運営権対価の金額を上限として補償する方法のいずれかにより、当該瑕疵から運営権者に発生した損害について補償するものとし、かかる上限額は本条に基づく補償の累計額に対する上限額とする。なお、運営権設定日以後空港運営事業開始日までの期間に瑕疵が発見された場合も同様とする。
2　前項の規定にかかわらず、空港運営事業開始日以降に国が引き渡しを受ける国の行う更新投資（運営権施設）部分については、当該部分の瑕疵（国から運営権者への引渡時点における瑕疵をいう。）に係る瑕疵担保期間は、国が更新投資（運営権施設）に関して締結した契約上定められた期間とする。
3　国は、前2項において瑕疵担保期間経過後に運営権設定対象施設について瑕疵が発見された場合、これらの瑕疵については一切責任を負わない。
4　国は、前条第1項の規定により譲渡を受けた運営権者譲渡対象資産、その他運営権者が国から承継した権利、契約等及びその他空港運営事業の承継等に当たって運営権者に提供された情報等並びに募集要項等国が優先交渉権者に開示した資料の情報等に瑕疵（情報の齟齬、矛盾、欠缺、権利の瑕疵、物理的な瑕疵を含むがこれに限らない。）が発見された場合、瑕疵担保期間の前後を問わず、国は、これらの瑕疵については一切責任を負わない。
5　前項の規定に加え、募集要項等のうち関連資料集の運営権設定対象資産リスト又はその付属資料が不完全なものであったとしても、これについて国は一切責任を負わない。

(2) ヌエック運営権実施契約案

　ヌエック運営権実施契約案においては、公共施設等運営権の設定対象施設について、引渡しを受けた日から3年以内（ただし、施設が瑕疵により滅失または毀損したときは、施設の引渡しを受けた日から3年以内で、かつ、その滅失または毀損の日から1年以内）の瑕疵担保期間が定められ、運営権者は、ヌ

エックに対し、当該瑕疵の修補を請求し、または修補にかえ、もしくは修補とともに合理的な範囲の損害の賠償を請求することができるとされている。ただし、瑕疵が重要ではなく、その修補に過分の費用を要するときは、運営権者は修補を要求することができず、また、ヌエックの賠償は運営権対価の金額を上限とされている（以上につき、21条）。

ヌエック運営権実施契約案[40]

第21条（瑕疵担保責任）
　運営権者は、本件施設に瑕疵があるときは、ヌエックに対して、相当の期間を定めて、当該瑕疵の修補を請求し、又は修補に代え若しくは修補とともに合理的な範囲の損害の賠償を請求することができる。ただし、瑕疵が重要ではなく、かつ、その修補に過分の費用を要するときは、運営権者は修補を要求することができない。なお、ヌエックの賠償は運営権対価の金額を上限とする。
２　運営権者による瑕疵の修補又は損害賠償の請求は、本件施設の引渡しを受けた日から３年以内に行わなければならない。ただし、本件施設が瑕疵により滅失又は毀損したときは、本件施設の引渡しを受けた日から３年以内で、かつ、その滅失又は毀損の日から１年以内に行わなければならない。

---

(3)　大阪市水道事業実施方針

　大阪市水道事業実施方針では、「市は、運営権設定対象施設及び運営権者譲渡対象資産に隠れたる瑕疵があった場合は、原則として運営権者に対して責任を負わない。ただし、市から当該運営権設定対象施設及び運営権者譲渡対象資産に係る請負者に対して当該請負契約に基づく瑕疵担保請求が可能である場合は、市は請負者に対し瑕疵担保請求を行う。」とし、市自身としては施設に瑕疵があったときであってもいっさいの財政支出をしないことを明らかにしている。

---

[40]　国立女性教育会館HP

第7節 契約の解除と運営権の取消しとの関係

1 運営権の取消しと実施契約の解除

　公共施設等運営権の取消しについては、PFI法29条に定めがある。運営権者に帰責事由があり運営を継続させるのが適当でない場合には、施設管理者は運営権を取り消したり、その行使の停止を命ずることができるというものである。これは従来のPFI事例のように、施設管理者と民間事業者との関係が単に契約関係にとどまらず、運営権という物権を設定するという、講学上の特許を付与するという特殊性に由来するもので、従来のPFI事例と異なる点である。

> **PFI法29条（公共施設等運営権の取消し等）**
> 1　公共施設等の管理者等は、次の各号に掲げる場合のいずれかに該当するときは、公共施設等運営権を取り消し、又はその行使の停止を命ずることができる。
> 　一　公共施設等運営権者が次のいずれかに該当するとき。
> 　　イ　偽りその他不正の方法により公共施設等運営権者となったとき。
> 　　ロ　第9条各号のいずれかに該当することとなったとき。
> 　　ハ　第21条第1項の規定により指定した期間（同条第2項の規定による延長があったときは、延長後の期間）内に公共施設等運営事業を開始しなかったとき。
> 　　ニ　公共施設等運営事業を実施できなかったとき、又はこれを実施することができないことが明らかになったとき。
> 　　ホ　ニに掲げる場合のほか、公共施設等運営権実施契約において定

められた事項について重大な違反があったとき。
　　ヘ　正当な理由がなく、前条の指示に従わないとき。
　　ト　公共施設等運営事業に関する法令の規定に違反したとき。
　二　公共施設等を他の公共の用途に供することその他の理由に基づく公益上やむを得ない必要が生じたとき。
2　公共施設等の管理者等は、前項の規定による公共施設等運営権の行使の停止の命令をしようとするときは、行政手続法第13条第1項の規定による意見陳述のための手続の区分にかかわらず、聴聞を行わなければならない。
3　公共施設等の管理者等は、第1項の規定により、抵当権の設定が登録されている公共施設等運営権を取り消そうとするときは、あらかじめ、その旨を当該抵当権に係る抵当権者に通知しなければならない。
4　公共施設等の管理者等が、公共施設等の所有権を有しなくなったときは、公共施設等運営権は消滅する。

　上記のとおり、事業の執行のあり方に問題があると考えられる一定の事由が生じた場合、管理者等によって、取消しまたは行使の中止の命令がなされる。一方で、管理者と民間事業者とは、運営権実施契約を締結しているから、上記取消し、行使の中止がなされる場合、運営権実施契約による債権債務関係がどうなるのかについても、あらかじめ、同契約において定めておく必要がある。

2　事　例

(1)　仙台空港運営権実施契約案

　仙台空港運営権実施契約案においては、国によるこの契約の解除事由として、PFI法29条に基づき、公共施設等運営権が取り消されたときが定められ

ている (68条1項9号)。なお、仙台空港運営権実施契約案においては、PFI法29条4項を受け、公共施設等運営権の消滅事由として、国がすべての運営権設定対象施設の所有権を有しなくなった場合も規定されている (71条2項)。

仙台空港運営権実施契約案[41]

(運営権者又はビル施設事業者の事由による本契約の解除)
第68条 国は、次の各号の事由が発生したときは、催告することなく本契約を解除することができる。
(1) 運営権者又はビル施設事業者の責めに帰すべき事由により本契約の履行が不能となったとき。
(中略)
(9) 運営権者が、PFI法第29条第1項第1号イないしトのいずれかに該当し、同条第2項に基づく聴聞を行った上で、運営権が取り消されたとき。
(中略)
(国の事由による本契約の解除又は終了)
第71条 国の責めに帰すべき事由により、国が本契約上の国の重大な義務に違反し、運営権者から60日以上の当該不履行を是正するのに必要な合理的期間を設けて催告を受けたにもかかわらず、当該期間内に当該不履行が是正されない場合、又は国の責めに帰すべき事由により本契約に基づく運営権者の重要な義務の履行が不能になった場合は、運営権者は、国に対し、解除事由を記載した書面を送付することにより、本契約を解除することができる。
2 国がすべての運営権設定対象施設の所有権を有しなくなった場合(不可抗力滅失の場合を除く。)は、PFI法第29条第4項に基づき、運営権は消滅し、本契約は当然に終了する。

他方、仙台空港運営権実施契約案においては、この契約の解除に関する規定の後に解除の効果が定められており、運営権者の事由による上記68条の解除の場合について、PFI法29条1項1号ホの「ニに掲げる場合のほか、公共施設等運営権実施契約において定められた事項について重大な違反があった

---

[41] 国土交通省HP

とき」に該当するものとして、PFI法29条1項1号に基づき公共施設等運営権を取り消すこととしている（79条1項）。

また、特定法令等変更による解除（73条）については、PFI法29条1項2号の「公共施設等を他の公共の用途に供することその他の理由に基づく公益上やむを得ない必要が生じたとき」に該当するものとして、PFI法29条1項2号に基づき公共施設等運営権を取り消すこととしている（80条1項）。

他方、不可抗力滅失によるこの契約の当然終了の場合（72条1項）については、国および公共施設運営権者は、運営権の抹消登録を行うこととされ（81条1項1文）、不可抗力によるこの契約の解除の場合（72条2項）については、運営権者は、国の指示に従い、公共施設等運営権を放棄するか、国の指定する第三者に無償で譲渡することとされている（81条1項2文）。また、上記のとおり、71条2項の国がすべての運営権設定対象施設の所有権を有しなくなった場合には、公共施設等運営権は消滅し、この契約は当然に終了されるものとされているが、この場合には、国および運営権者は、遅滞なく運営権の抹消登録を行う（80条1項2文）。

(2) ヌエック運営権実施契約案

ヌエック運営権実施契約においては、46条において、公共施設等運営権の取消事由として、PFI法29条1項1号の事由（なお、46条1項所定の事由は、PFI法29条1項1号の事由に限定されるものではない）を、47条において、PFI法29条1項2号の事由を、それぞれ規定している。

そして、46条1項に基づき公共施設等運営権が取り消された場合、この契約は、当然に将来に向かって終了し、本契約に基づく債権債務は本契約に別段の定めがない限り消滅するとされ（46条2項）、47条2項にも同様の定めがある。

法令変更または不可抗力による公共施設等運営権の取消しの場合については、上述のとおりであるが、やはりこの契約は将来に向かって終了する（48条）。

また、公共施設等運営権の取消しの際の考慮方針が明記され（49条）、これらの公共施設等運営の取消しの効果として、公共施設等運営権は将来に向かって消滅することが明記されている（51条）。

ヌエック運営権実施契約案[42]

第46条（運営権者の事由による取消又は行使の停止）
　ヌエックは、運営権者が次の各号に掲げる場合のいずれかに該当するときは、本件運営権を取り消し、又はその行使の停止を命ずることができる。
⑴　偽りその他不正の方法により公共施設等運営権者となったとき
⑵　法第9条各号のいずれかに該当することとなったとき
⑶　運営権者の事由により、本事業を実施できなかったとき、又はこれを実施することができないことが明らかになったとき
（中略）
⒇　別紙6の定めに従って本件運営権を取り消し、又はその行使の停止を命ずることが適当であるとヌエックが判断するとき
2　**前項に基づき本件運営権が取り消された場合、本契約は当然に将来に向かって終了し、本契約に基づく債権債務は本契約に別段の定めがない限り消滅する**。この場合、運営権者は直ちに本件施設を原状に回復したうえでヌエックに返還しなければならない。
3　第1項に基づき本件運営権の行使の停止を甲が命じた場合、ヌエックは、本事業の継続又は保全のために必要な措置を定めて運営権者に対してその履行を求めることができ、運営権者はこれに従わなければならない。この場合、当該費用は運営権者の負担とする。また、本件運営権の行使が停止された場合においても、運営権者は本契約に基づきヌエックに対して負担する義務及び責任を、本件運営権の行使を必要とするものを除き、引き続き履行しなければならない。なお、調整を要する事項が存する場合、ヌエックが必要な措置を定め、運営権者はこれに従うものとする。
4　第1項に基づき本件運営権が取り消され、又はその行使の停止が命じられた場合、運営権者は、違約金として本件運営権設定の対価の10パーセントに相当する額をヌエックの指定する期間内に支払わなければならない。なお、当該取り消し又は行使の停止により、当該違約金額を超えてヌエックに損害が生じた場合、ヌエックは運営権者に対して当該超過分の損害の賠償を違約

---

[42]　国立女性教育会館HP

金と併せて請求することができる。
第47条（公益上の必要による取消又は行為の停止）
　ヌエックは、本件施設を他の公共の用途に供することその他の理由に基づく公益上やむを得ない必要が生じたときには、本件運営権を取り消し、又はその行使の停止を命ずることができる。
2　前項に基づき本件運営権が取り消された場合、本契約は当然に将来に向かって終了し、本契約に基づく債権債務は本契約に別段の定めがない限り消滅する。この場合、運営権者は自らの所有する物件を撤去したうえで本件施設を現況有姿にてヌエックに引き渡せば足りる。
3　第1項に基づき本件運営権の行使の停止が命じられた場合、ヌエックは、本事業の継続又は保全のために必要な措置を定めて運営権者に対してその履行を求めることができ、運営権者はこれを履行する。この場合、当該費用はヌエックの負担とする。なお、この場合、本契約に基づき定められた債権債務の履行については、ヌエックと運営権者が協議して定めるものとする。但し、相当期間をもって協議したにもかかわらず協議が成立しない場合、ヌエックが必要な措置を定め、運営権者はこれに従うものとする。
4　第1項に基づき本件運営権が取り消され、又はその行使の停止が命じられた場合、運営権者はヌエックに対して、法令に基づき、損失の補償を求めることができる。
5　前項の規定による損失の補償については、ヌエックと運営権者が協議しなければならない。
6　前項の規定による協議が成立しない場合においては、ヌエックは、自己の見積もった金額を運営権者に支払わなければならない。
7　前項の補償金額に不服がある運営権者は、その決定の通知を受けた日から六月以内に、訴えをもって、その増額を請求することができる。
8　前項の訴えにおいては、ヌエックを被告とする。
9　第1項に規定する事由により取り消され又は消滅した本件運営権の上に抵当権があるときは、当該抵当権に係る抵当権者から供託をしなくてもよい旨の申出がある場合を除き、ヌエックは、その補償金を供託しなければならない。
第48条（法令変更又は不可抗力による公共施設等運営権の取消又は行使の停止）
　法令変更又は不可抗力により、運営権者による本事業の継続が不可能又は著しく困難と客観的に認められる場合において、不可抗力事由等の発生の日から14日を経過しても第58条第4項又は第60条第4項の協議が整わないときは、ヌエックは、本件運営権を取り消し、又はその行使の停止を命ずることができる。

2　前項に基づき本件運営権が取り消された場合、前条第2項を準用する。
3　第1項に基づき本件運営権の行使の停止が命じられた場合、前条第3項を準用する。

第49条（考慮方針）

　ヌエックは、第46条に基づき本件運営権を取り消し、又は、行使の停止の命令をする場合には、本事業を継続的に提供することの重要性、契約違反等の重要性、公共施設等運営権を目的とする抵当権者等の利益、本件運営権を取り消すことによって保護される利益等を勘案した上で行う。

2　ヌエックは、第47条に基づき本件運営権を取り消し、又は、行使の停止の命令をする場合には、本事業の公益性と、新たに生じた公益上の必要性とを評価、比較した上で行う。

第51条（公共施設等運営権の取消の効果）

　第46条乃至第48条に基づき公共施設等運営権が取り消され、又は第53条に基づき公共施設等運営権が放棄された場合には、本件運営権は将来に向かって消滅する。

(3)　大阪市水道事業実施方針、浜松市下水道終末処理場実施方針素案

　大阪市水道事業実施方針では、運営権者に、実施契約において定められた事項について重大な違反があったとき等には、市が実施契約を解除することができるとし、その効果として、市は運営権の取り消しを行うとしている。浜松市下水道終末処理場実施方針素案も同様に、まずは実施契約に基づき解除を行い、それに伴う措置として運営権の取消しを行うというスキームとなっている。

第8節 増改築

1 運営権と増改築の関係

運営権は相当長期にわたって施設の運営を行うことを目的として設定されるから、運営期間中に、老朽化や損傷等により、増改築の必要性が生じることがありうる。この場合、運営権が物権であることによる制限がありうる。

この点について、ガイドラインは次のように述べている（ガイドライン11 (1) 2 − 2 (4)(5)、同 2 − 3 (1)(2)(3)）。

> 2−2 増改築と運営権の取扱いについて
> (4) どの程度の増改築について既存の運営権を及ぼさせるかは、具体的には管理者等が個別に判断すべき事項と考えられる。例えば、水道施設の総体に運営権を設定した際、管路や浄水施設等の増改築を実施した場合には、これらの管路や浄水施設等についても、既存の運営権を及ぼすことが可能であると考えられる。ただし、PFI法の各規定との関係から、以下の点に留意が必要である。
> ① 従前の施設が全面的に除却されると、その時点で管理者等の所有権が消滅し、運営権も消滅すること。したがって、新たな運営権の設定が必要であること。
> ② 施設の位置の変更や施設の平面的規模の大幅な拡大などにより、その内容によっては施設の立地、すなわち住所の変更が生じる場合も考えられる。この場合、登録事項に変更が生じる場合においては、運営権の同一性を維持できず、新たな運営権の設定が必要と考えられること。
> ③ 登録簿の運営の内容には、第三者が事業内容を特定できる程度事

項を記載することが必要と考えられるが、施設の運営内容の変更により登録事項に変更が生じる場合においては、運営権の同一性を維持できず、新たな運営権の設定が必要な場合もあり得ること。

(5) なお、施設の増改築部分に既存の運営権を及ぼす場合であっても、運営権者の負担の明確化や選定手続の透明性の確保から、実施方針及び実施契約において、想定される増改築の範囲・概要及び当該増改築部分に運営権が及ぶ旨が明記されることが望ましい。

2－3　運営権者による増改築の可否について

(1) 増改築部分について既存の運営権を及ぼし得るとの前提の下、運営権者が施設運営のために必要な増改築は可能であると考えられる。

(2) 具体的にどのような増改築を運営権者に認めるかどうかについては、施設整備に関する運営権者と管理者等との役割分担も勘案しながら、管理者等が個別に判断すべき事項と考えられる。

(3) ただし、以下の点に留意が必要である。

① 施設の全面除却や登録事項の変更が必要となるような増改築は運営権の範囲内とはいえないこと。

② 増改築部分は管理者等の所有となること。

③ 実施方針及び実施契約において、想定される増改築の範囲・概要が明記されることが望ましいこと。

④ 管理者等との関係で必要な手続（増改築に対する事前・事後の同意等）が明記されることが望ましいこと。

上記(3)①のとおり、登録事項の変更が必要となるような増改築は、運営権の範囲外とされており、登録事項の変更の要否が大きな基準となる。

この点、登録事項については、第2章第8節で述べたが、施設の特定という意味では、公共施設等運営権登録令22条1項1号で定める「公共施設等の名称及び立地」との関係が問題となるが、但馬空港の運営権については、「名称」が「兵庫県立但馬飛行場」、「立地」が「兵庫県豊岡市上佐野、岩

井、戸牧及び日高町に立地する但馬飛行場」という登録内容となっている。

　上記登録令を前提にした場合、「飛行場」全体に運営権が設定されており、個別の建物を区別して登録されているわけではない。この場合、飛行場内に存立する建物を増改築したとしても、特段、登録事項の変更は必要はないようにも見受けられ、どのような増改築も運営権の範囲とも考えられる。運営権者側からすれば、裁量の幅がより広範に与えられていることを意味し、歓迎すべきことではあるが、施設管理者側からすれば無制限とするわけにもいかないと思われるので、必要な制限は運営権実施契約にて定める必要があると思われる。

2　事　例

(1)　仙台空港運営権実施契約案

　仙台空港の事例では、運営権設定対象施設の維持管理と考えられる、空港の滑走路、誘導路、エプロン等の局部的破損等の原状回復、航空灯火の部分的補修等、および滑走路の延長、誘導路の延長、エプロンの増設等に係る投資（施設の一部廃止を含む。）を「更新投資」と定義し、これについては運営権者がその費用で行うこととする一方で、建設にあたると考えられる、滑走路の新設ならびにそれに伴う着陸帯、誘導路、エプロン、飛行場灯火、制御装置および電源設備の新設については、これを「新規投資」と定義し運営権者がこれを行うことを禁止している（仙台空港運営権実施契約案39条、40条、別紙1(59)(68)）。

　そして、更新投資の対象部分は、投資対象の施設完成後、当然に国の所有対象となり、運営権設定対象施設に含まれるものとして運営権の効果が及ぶとされている（同契約案49条2項）。

(2) ヌエック運営権実施契約案

　ヌエック運営権実施契約においては、両当事者とも、書面による通知をもって、公共施設等運営権設定の対象施設につき、増改築を提案することができ、協議を経て、両当事者が合意した内容で、増改築を行うこととされている。この場合、増改築部分はヌエックの所有となり、増改築部分は、原則として公共施設等運営権の対象となるが、法令に基づき公共施設等運営権の登録事項に変更が生じると認められる場合には、両当事者は、協議のうえ必要に応じて当該増改築部分について別途公共施設等運営権の設定の手続を行う（以上につき、19条）。

ヌエック運営権実施契約案[43]

第19条（施設の増改築に伴う変更）
　ヌエック及び運営権者は、相手方への書面による通知を以て本件施設の増改築を提案することができる。この場合、両者は通知を受領してから7日以内に、当該増改築の内容、費用の負担、当該増改築施設に係る維持管理費及び運営費に係る負担、その他の必要な事項に関する協議を開始するものとする。
2　第1項の協議により、提案された増改築等について両者が合意した場合、当該合意に基づいてヌエック又は運営権者は当該増改築を行うことができる。
3　増改築部分は、ヌエックの所有とする。
4　前各項に基づく増改築部分は、本件公共施設を構成するものとして本件運営権の対象となるものとする。ただし、法令に基づき本件運営権の登録事項に変更が生じると認められる場合はこの限りではなく、ヌエック及び運営権者は、協議のうえ必要に応じて当該増改築部分について別途公共施設等運営権設定の手続を行う。

---

[43]　国立女性教育会館HP

(3) 浜松市下水道終末処理場実施方針素案

浜松市下水道事業については、更新費用について一部国から補助が出ることからその部分は市が負担することとし、残りについては、運営事業期間中の減価償却費に相当する部分は運営権者の負担、同期間中に償却せずに残る部分は市の負担としている。

イメージは、次のとおりである（同素案29頁）。

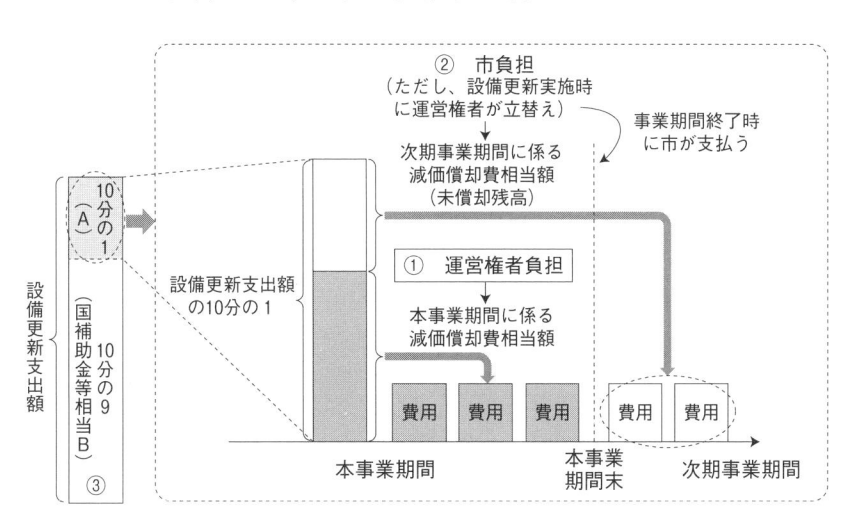

第9節 テナントに施設を賃借する場合の特例

1 運営権に転借権は含まれるか

　第2章第1節3(3)で前述のとおり、ガイドラインは、「運営権者がその権利を権原として当該公共施設等を貸与することを認めたものではないと考えられることから、運営権者が、運営事業の一環として、管理者等の所有する建物の一部をテナント等第三者に貸し付けるためには、運営権者が当該建物の賃借権を得た上で当該賃借権を権原としてテナント等第三者に転貸する必要があると考えられる」としている（ガイドライン1 2.(7)）。

　また、運営権者が運営権の設定のほかに、第三者への転貸を前提として管理者等と賃貸借契約を締結する場合の会計処理について、会計処理研究報告は、次のように記載している（同報告14頁以下）。

> ② 運営権者による第三者への転貸を前提とした管理者等と運営権者との賃貸借契約等の場合
> ・運営事業の一環として、運営権者が第三者に管理者等の所有施設等を使用させるために管理者等と賃貸借契約等を締結する場合については、それぞれ次のように考えられる。
>
> 〈運営権者〉
> ・運営権者が運営事業の一環として、管理者等の所有する施設等の一部を第三者へ転貸するために締結する管理者等との賃貸借契約等は、管理者等が運営権の法的性格を踏まえ、運営事業を実施する上での必要性から締結されるものであって、賃貸借権等の設定自体が目的ではなく、運営事業の一部として、便宜上、締結されるにすぎない。したがって、こうした経済実態に照らせば、管理者等との賃貸借契約等に

> おける賃料等相当分が運営権対価に包含されている場合には運営権に含めたまま処理される。ただし、当該賃料等が別途支払われる場合には基本的には通常の賃貸借取引に係る方法に準じた会計処理が適用されると考えられる。
>
> 〈管理者等〉
> ・上記を踏まえ、管理者等についても、当該賃料等が運営権対価に包含されている場合には運営権対価に含めたまま処理し、別途賃料等を受け取る場合には基本的には通常の賃貸借取引に係る方法に準じた会計処理が適用されると考えられる。

　むしろ、運営権のなかには、当該施設を賃貸する権利も当然に含むものとして構成したうえで、事案の性質に応じて、賃貸を認める場合と認めない場合とがあると整理したほうがわかりやすいようにも思われるが（第2章第1節3(3)参照）、当面は、ガイドラインを前提とした処理を行う必要があり、具体的には、運営権実施契約書のなかで、公共施設を施設管理者から運営権者がいったん賃借を受けることを明記するとともに、転貸をする権利が運営権とは別途に運営権者に付与される内容の規定を設ける必要がある。

2　事例（仙台空港運営権実施契約案）

　テナントに公共施設等運営権設定の対象施設を賃貸借する場合の詳細については、本書第2章第1節3(3)を参照いただきたいが、仙台空港運営権実施契約では、空港用地等を貸し付ける場合の条件を定めている（仙台空港運営権実施契約案27条）。そして、この場合、運営権者が空港運営事業開始日以降、第三者との間で新たに空港用地等の貸付契約を締結する場合には、国の承認を受けなければならない（27条4号）。

仙台空港運営権実施契約案[44]

（空港用地等貸付条件）
第27条　本事業を実施するにあたって、空港用地等を貸し付ける場合には、運営権者は以下の条件に従う。
⑴　運営権者は、空港用地等の全部を第三者に転貸してはならない。
⑵　運営権者は、空港運営事業開始予定日までに、別紙9に記載の相手方との間で、同別紙に記載の内容で賃貸借契約又は民法第593条の規定に定める使用貸借契約を締結し、当該契約の写しを国に提出しなければならない。
⑶　運営権者は、別紙9に記載の各期間中、前項の各契約の変更又は解除を行わない。ただし、各賃貸借契約又は使用貸借契約の契約相手方から同意を得た場合には、当該契約の変更又は解除をすることができる。
⑷　前2号のほか、運営権者が空港運営事業開始日以降、第三者との間で新たに空港用地等の貸付契約を締結する場合（前号但書の規定により変更契約を締結する場合を含む。）には、国に対して転貸承認申請書並びに転借人の誓約書及び株主名簿の写し（原本証明付）を提出し、承認を得なければならない。空港運営事業開始予定日から転貸を行う場合は、空港運営事業開始予定日までに、かかる手続を完了するものとする。
⑸　運営権者は、前号に基づき第三者に対して空港用地等を貸し付ける場合、以下の条件に従うものとし、これらのうちいずれか1つ以上に反する契約は、効力を有しないものと規定しなければならない。
　①　当該第三者は、貸付対象用地において風俗営業その他公序良俗に反する事業を行わないこと。
　②　当該第三者は、その関係会社又はその取引先（転貸先等）が、暴力団員等及びその他の関係者のいずれかに該当する者その他国が不適切と認める者でないことを表明し、かつ将来にわたっても該当しないこと。
　③　運営権者と当該第三者との間で締結する土地貸付契約は、(i)当該貸付に借地借家法の適用がある場合には同法第23条に定める事業用定期借地権設定契約又は民法第593条の規定に定める使用貸借契約としなければならず、かつ、(ii)当該契約の契約期間が空港運営事業期間を超えない（本契約が途中で解除又は終了した場合は当該解除又は終了をもって当該契約の契約期間も終了する）ものとしなければならない。

---

[44]　国土交通省HP

第 4 章

公共施設等運営権の実例

第1節　わが国の動向

わが国においては、平成27年7月末日現在で、次のような状況にある。
① 運営権設定済
　　2件　但馬空港、国立女性教育会館（ヌエック）
② 選定手続中
　　4件　仙台空港、関西国際空港、大阪市水道事業、浜松市下水道終末処理場
③ 運営権制度導入可能性調査中
　　2件　沖縄空手道会館、高松空港
④ 運営権制度導入予定
　　1件　横浜市MICE21

上記のようになんらかのかたちで検討中あるいは選定手続中の案件はいくつかあるが、空港案件が多く、その他の案件はまだ少ない状況にある。

現時点でまだ全体でも10件にも届いていない理由は諸般考えられ、一概にまとめることはできないが、一つには、運営権制度がまだ民間事業者や地方自治体、金融機関に十分理解がされておらず、複雑難解で多額の費用と時間を要する制度であるとの誤解や、きわめて高い収益性を有する施設しか対象にできないとの誤解があることも一因ではないかと推測している。仙台空港や関西国際空港といった超大型案件が先行し、それに続く地方自治体案件や中小案件が進行していないことも上記誤解を招く要因になっているかもしれない。

しかし、これまでに述べてきたように、運営権制度は、民間事業者に物権という強い権限を付与するだけにとどまらず、指定管理者制度と比較しても、民間事業者により広い裁量を与えることが可能な制度であり、使い方次第では、今後、指定管理者制度と併存し、または指定管理者制度にかわるものとして、広く発展していく可能性を秘めていると思われる。地方自治体側

からも、より民間側に裁量を与えると同時に責任とリスクを負担させつつ、住民に適切なサービスを提供することのできる可能性のあるものであり、広く地方自治体において活用されることを検討されるべきである。

また、第1章で述べたとおり、次のようないくつかのスキームがオプションとして考えられ、これらのスキームを事案に応じて適切に活用することにより、必ずしも順風満帆な高い収益性を確保できる施設だけではなく、公共施設一般に広く運営権制度の活用をすることのできる可能性がある。

① 独立採算型事業スキーム
② 混合型事業スキーム
③ 分離・一体型事業スキーム

以下では、上記③のスキームを活用しているヌエックの事案を含め、先行する内外のいくつかの案件を次のとおり紹介する。

第2節　ヌエック
第3節　仙台空港
第4節　関西国際空港
第5節　シカゴ・スカイウェイ・トール・ブリッジ

第2節　国立女性教育会館（ヌエック）

1　施設およびPFI事業の概要

　独立行政法人国立女性教育会館（ヌエック）は、女性教育指導者その他の女性教育関係者に対する研修、女性教育に関する専門的な調査および研究等を行うことにより、女性教育の振興を図り、もって男女共同参画社会の形成に資することを目的としているもので、昭和52年に国立婦人教育会館として設立されたものである。

　ヌエックは、その目的を達成するために文部科学大臣より示されている中期目標に基づき、「研修」「調査研究」「情報」「国際連携」「教育・学習支援」の五つを有機的に連携させつつ各事業を実施している。

　次のような諸施設を擁している。

① 　本館および宿泊棟（A棟・B棟・C棟）
② 　研修棟（講堂・会議室・研修室・マルチメディア研修室・控室）
③ 　実技研修棟（音楽室・美術工芸室・調理室・試食室）
④ 　日本家屋・茶室（響書院・和庵）
⑤ 　体育施設（テニスコート・体育館）

　ヌエックは資産の有効活用と、利用者の立場からみたサービス水準の向上を民間活力の導入により実現するために、ヌエック施設等に関し、宿泊・研修施設等の管理運営を分離し独立採算事業としてのPFI法に基づく公共施設等運営権制度の活用および施設・設備に係る長期維持管理業務を一体的に行う民間事業者を選定することとした。

　ここでの特色は、大きくは、運営系の業務と維持管理系の業務とに区別し、前者の業務については、通常の業務委託契約を締結して、委託報酬を支払うことにするのに対して、後者の業務については、運営権を設定し独立採

算業務とする、いわゆる分離一体型事業スキームを採用している点にある（分離一体型方式については、第1章第2節参照）。

ヌエックが公表している実施方針によれば、上記スキームは下記図のようなものである（なお、第1章第2節6参照）。

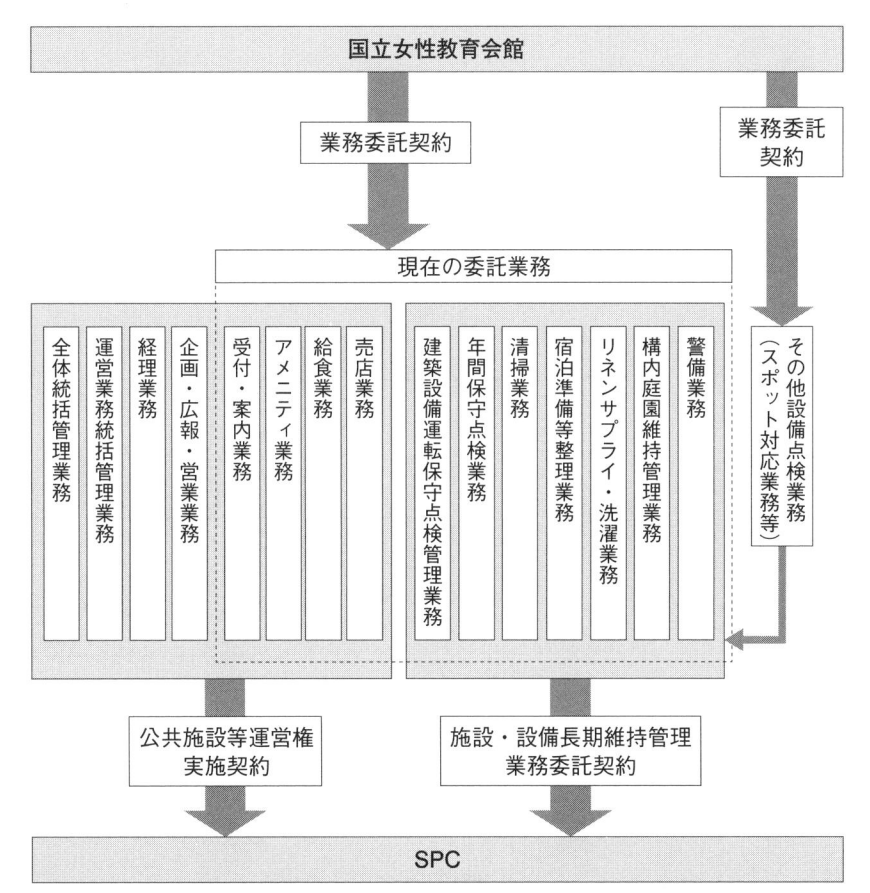

```
                    国立女性教育会館
                    ┌─────┴─────┐
              業務委託契約      業務委託
                    │          契約
                    ▼            │
              現在の委託業務      │
   ┌────────────────────┬──────────────────┐  │
   │ 全運経企受ア給売 │建年清宿リ構警 │その他設備点検業務
   │ 体営理画付メ食店 │築間掃泊ネン内備 │（スポット対応業務等）
   │ 統業業・ ・ニ業業 │設保業準ン庭業 │
   │ 括務業広案テ務務 │備守務備サ園務 │
   │ 管統務報内ィ       │運点          等プ維          │
   │ 理括      ・業業          │転検          整ラ持          │
   │ 業管      営務務          │保業          理イ管          │
   │ 務理      業                │守務          業・理          │
   │    業      業                │点              務洗業          │
   │    務      務                │検                  濯務          │
   │                                │管                  業              │
   │                                │理                  務              │
   │                                │業                                        │
   │                                │務                                        │
   └──────┬──────┴────┬─────┘  │
   公共施設等運営権        施設・設備長期維持管理
      実施契約                業務委託契約
              │                    │
              ▼                    ▼
                       SPC
```

（出典）「(仮称)国立女性教育会館公共施設等運営事業実施方針」参考資料3

　すなわち、従前、ヌエックが第三者に委託してきた各業務のうち、受付・案内業務、給食・売店業務、アメニティ業務といった運営系の各種業務については運営権を設定し、民間事業者の独立採算事業とする一方、維持管理や

第4章　公共施設等運営権の実例　143

警備といった業務については、従来同様、委託報酬を支払うことを前提とする業務委託の形態を採用している[1]。このようなスキームにより、大きな採算の見込めない維持管理や警備といった業務については、施設管理者であるヌエックから確実に業務委託報酬を得られ、事業の安定性を確保できるとともに、一定の採算の期待できる運営業務については、運営権を設定して独立採算事業として運営権者に運営を委ねることにより、ヌエックとしてはその点についての支出を免れるとともに、民間の資金および創意工夫により、よりよい質のサービスが合理的な価格で提供されることが期待される。

2　運営権実施契約の特色

　対価については、運営権事業の実施期間中、期間に応じて支払う方式が採用されている。これにより、金融機関からの資金調達を予定しなくても入札に参加することができ、多くの入札参加者を期待できる。
　また、プロフィット・シェアリング条項も想定しており、高い収益が生じた場合に、施設管理者においても一定の利益を享受することが可能なスキームとなっている（以上については、第3章第5節参照）。
　また、不可抗力リスクについては、従来のPFI事例と同様に、その100分の1までを運営権者に負担させる一方で、それを超える部分については施設管理者において負担することとしており、運営権者としてコントロールが十分に行えない不可抗力事由について、予想外の大きなリスクを負担する必要がないスキームとなっている（第3章第2節）。
　さらに、法令変更等リスクについても、本件事業に類型的または特別に影響を及ぼす法令変更により生じた増加費用および損害については、ヌエックが負担することとしており、これは従来のPFI事例と同様なリスク分担の考

1　以上については、「（仮称）国立女性教育会館公共施設等運営事業実施方針」（国立女性教育会館HP）。

え方であり、運営権者に大きな負担を負わせるものではない[2]。

---

2 ヌエック運営権実施契約案の別紙7。

第3節　仙台空港

1　施設の概要

　仙台空港は、昭和15年に熊谷陸軍飛行学校増田分校教育隊練習基地として建設され、その後、米軍により使用されていた時期もあったが、昭和31年に米軍から返還され、防衛庁と運輸省との共同使用が開始された。このような変遷を経て、昭和39年、仙台空港として、現在の公共用飛行場としての供用が開始されるに至った。

　仙台空港は、宮城県名取市と岩沼市に位置し、広さ239ヘクタールを誇る。搭乗客数は約316万人、着陸回数は約28,500回（いずれも平成25年度）で、国内線のほかホノルル、グアム、ソウル、北京、上海、台北に定期便を開設しており、東北地方の国際化に大きく貢献している。東北に所在する空港で唯一の国管理空港であり、路線数、便数、乗降客数ともに最も多く、地域の発展に重要な役割を果たしている。

　最近では、平成23年3月11日の東日本大震災に伴う津波により壊滅的な打撃を受け、復旧に半年以上はかかるといわれていたものの、懸命の復旧作業により、被災の約1カ月後である4月13日には民間旅客機の運航が再開されるなど、東北被災地の復旧・復興のシンボルとなったほか、鉄道や道路が不完全な状況において東北の拠点都市と東京や大阪とをつなぐ貴重な交通の拠点となったことで大きな注目を集めた。

　滑走路は、昭和39年の供用開始時からあり、昭和46年に1,200mにまで延長されたA滑走路と、昭和46年に供用開始となり、平成10年に3,000mまで延長されたB滑走路の2本があり、上空からみると、さながらアルファベットの「y」のようなかたちをしている。エプロンは、大型ジェット用、中型ジェット機用、小型ジェット機用が各4バース、小型機用が38バースの合計

50バースを備える。そして、現在の運用時間は、午前 7 時30分から午後 9 時30分までの14時間である。

現在の旅客ターミナルビルは、平成 9 年 7 月に全館供用開始された地上 4 階地下 1 階、建築面積 1 万8,000㎡、建築延床面積 4 万3,530㎡の建物である。

また、平成19年に開業した仙台空港鉄道株式会社による仙台空港アクセス線は、仙台空港と仙台駅とを最速17分で結んでいる。

2　運営権制度の導入

現在の仙台空港は、①国が所有する空港基本施設等、②航空旅客取扱施設事業者および航空貨物取扱施設事業者が各々所有する航空旅客取扱施設およびこれに附帯する利便施設ならびに航空貨物取扱施設およびこれに附帯する利便施設、③駐車場施設事業者が所有する駐車場施設が、それぞれ分離して運営されているが、運営権制度を採用することにより、民間事業者がこれらを一体的かつ機動的に運営することが可能となる。

そして、仙台空港の民営化を実現すべく、「民間の能力を活用した国管理空港等の運営等に関する法律」が制定され（平成25年 7 月25日施行）、続いて、「民間の能力を活用した国管理空港等の運営等に関する基本方針」が策定され（平成25年11月 1 日告示）、同法に基づく国管理空港等における運営権制度の基本的な枠組みが明らかにされた。

「民間の能力を活用した国管理空港等の運営等に関する法律」

　同法律は、PFI法第16条以下に規定されている公共施設等運営権制度により、民間事業者が特定運営事業（着陸料等を収受して空港の運営等を行う事業）を実施する場合における必要な措置について、概要、以下の内容を定めている。
・国土交通大臣が、対象空港や特定運営事業を実施する民間事業者の選定等を行う場合は、関係地方公共団体、関係事業者等から成る空港ごとの協議会の意見を聴くこととする。

- 国土交通大臣が、特定運営事業を実施する民間事業者の選定や公共施設等運営権の移転の許可を行う場合は、基本方針に従って特定運営事業を実施する適正で確実な計画等を有することを要件とする。
- 適切な事業者が選定されることを確保するため、国土交通大臣が、特定運営事業を実施する民間事業者の選定や公共施設等運営権の移転の許可を行う場合には、国土交通大臣は、関係行政機関の長と協議することとする。
- 航空法の特例を定め、空港保安管理規程の策定義務等、安全確保のための規制について、特定運営事業を実施する民間事業者に対して適用することとする。
- 空港法の特例を定め、空港供用規程の策定義務、着陸料の届出及び変更命令等、利用者保護のための規制について、特定運営事業を実施する民間事業者に対して適用することとする。

あわせて、地方管理空港等についても、国管理空港と同様に、民間事業者が特定運営事業を実施する場合におけるPFI法、航空法、空港法の特例を定めている。

また、同法は、第5条及び6条において、PFI法の特例を定めている。

例えば、第5条3項では、PFI法第5条1項の実施方針を定める場合には、空港法第14条第1項に規定する協議会が組織されているときは、当該協議会の意見を聴くものとされている。第6条では、PFI法第23条1項の規定により着陸料等及び空港航空保安施設使用料金を収受する場合には、同条2項に基づき、利用料金を運営権者が定められるものとされ、同項中「実施方針に従い」及び「この場合において、公共施設等運営権者は、あらかじめ、当該利用料金を公共施設等の管理者等に届け出なければならない」部分の適用が排除される。

「民間の能力を活用した国管理空港等の運営等に関する基本方針」

同法律第3条に基づき定められた同基本方針は、国管理空港特定運営事業による国管理空港の運営等に関する基本的な事項として、概要、以下の事項に係る基本的な考え方を示している。なお、各空港において運営委託を実施するに際しては、地域の実情等を踏まえ、別途、PFI法に基づく実施方針を個別空港ごとに定めることとなり、その中で以下の事項に係る具体的内容を検討、決定することとされている。

- 事業の範囲
- 運営権の存続期間

・運営権者による適正な空港運営の確保
・施設整備に係る国と運営権者の役割分担
・大規模災害等発生時の国と運営権者の役割分担
・運営権者が提供するサービス水準
・運営権者の選定
・運営権者による円滑な事業開始
・事業継続が困難となった場合の措置

　例えば、運営権の存続期間については、国管理空港特定運営事業に係る公共施設等運営権の存続期間は30年から50年間程度を目安とするが、地域の実情等を踏まえ、また、国管理空港運営権者の創意工夫を発揮する観点から、具体的な期間を定めることとされている。

　その後、平成25年11月から12月にかけて、仙台空港の運営権制度導入に関するマーケットサウンディングが行われ、これをふまえて、仙台空港に運営権制度を導入する際の条件に関する考え方が整理された「仙台空港特定運営事業基本スキーム（案）」が、国土交通省航空局から公表された。

　さらに、平成26年4月25日に「仙台空港特定運営事業等実施方針」、平成26年6月27日に「仙台空港特定運営事業等募集要項」が国土交通省航空局から公表され、仙台空港における運営権制度を採用した事業の概要が明らかとなったのである。

3　PFI事業の概要

　上記の「仙台空港特定運営事業等実施方針」および「仙台空港特定運営事業等募集要項」によれば、事業の概要は以下のとおりである。

(1)　対象施設

　以下の施設は、従前それぞれ分離して運営されてきたが、運営権制度を採用することにより、民間事業者が運営権設定対象施設を一体的かつ機動的に運営することが可能となる。

[運営権設定対象施設]
・空港基本施設（滑走路、着陸帯、誘導路、エプロン等）
・空港航空保安施設（航空灯火施設）
・道路（空港用地内の地下を通過する宮城県道10号線を除く）
・駐車場施設
・空港用地
・各施設に附帯する施設（土木施設、建築物（消防車車庫を含む）、機械施設、電気施設（電源局舎を含む。）等）

[非運営権施設]
・旅客ビル施設（税関、出入国管理、検疫に関する施設を除く航空旅客取扱施設、事務所および店舗ならびにこれらの施設に類する施設および休憩施設、送迎施設、見学施設等）
・貨物ビル施設（CIQ施設を除く航空貨物取扱施設等）
・上記以外に運営権者またはその子会社および関連会社が所有する施設

(2) 事業期間

　本事業の事業期間は、運営権者が運営権に基づき空港運営事業を実施する期間（以下「空港運営事業期間」という）と空港運営事業に先行して運営権者がビル施設事業者の発行済株式を取得したうえでビル施設等事業を実施する期間（以下「ビル施設等事業期間」という）から構成される。

　空港運営事業期間は、空港運営事業開始日から30年とされ、ビル施設等事業期間は、ビル施設等事業開始日から、空港運営事業終了日までとされている。また、運営権者が、期間延長を希望する場合、30年以内の運営権者が希望する期間だけ、空港運営事業期間を延長することができるとされており、延長の実施は、延長年数にかかわらず1回に限られる。このほか、「仙台空港特定運営事業等公共施設等運営権実施契約書」（以下本節で「運営権実施契約」という）に定める事由が生じた場合、国と運営権者との合意による延長も認められ、合意延長については回数の制限がない。

運営権の存続期間は、運営権設置日から30年間とされており、最長で運営権設定日から65年間延長できることとされている。なお、運営権実施契約に基づく運営権の設定に対する対価は、同契約締結後、運営権者は、国に対し、これを一括で支払うものとされているが、運営権の存続期間を延長（合意延長を含む）した場合であっても、運営権対価の追加的な支払義務は発生しないこととされている（他方で、国も、運営権実施契約で別途定める場合を除き、受領した運営権対価を返還する義務を負わないとされている）。

(3) 事業方式

　選定手続において優先交渉権を得た者（優先交渉権者）が本事業の遂行のみを目的とするSPCを設立し、SPCは、上記(1)の運営権設定対象施設について運営権の設定を受けて運営権者となる。運営権者は、国との間で運営権実施契約を締結し、事業の実施に必要な動産を譲り受ける。

　運営権実施契約を締結した運営権者は、旅客ビル施設事業者および貨物ビル施設事業者（あわせて、以下「ビル施設事業者」という）の発行済株式をその株主から譲り受ける。株式譲受によることから、ビル施設事業者の従業員およびビル施設事業者が締結している契約等については、特段の事情がない限り承継される。譲渡手法として、事業譲渡または株式譲渡が考えられるが、本件のように株式譲渡とすることで、ビルで働く従業員の雇用契約などが継承され、民間事業者にスムーズに譲渡できるメリットが生まれることとなる。

　空港運営事業終了後、運営権者は、運営権設定対象施設を国または国の指定する第三者に引き渡さなければならない。

　また、国または国の指定する第三者は、運営権者および運営権者子会社等の所有する資産のうち必要と認めたものを時価にて買い取ることができ、あるいは、新たに公募により選定した実施者をして、当該不動産または株式の全部または一部を時価にて買い取らせることができる。「時価」の算定方法は、運営権実施契約別紙に詳細な定めが設けられており、国または国の指定

する第三者が指名する評価専門家および運営権者が指名する評価専門家ならびにこの両名が同意する第三の評価専門家の協議により合意した時価算定方法をもとに決定する等、公正な手続によることとされている。

(4) 運営権実施契約

公表されている仙台空港運営権実施契約案では、不可抗力リスクや法令変更リスクの分担、瑕疵担保責任等について、特色のある規定が設けられている。これらについては、第3章を参照いただきたい。

第4節　関西国際空港

1　事業の実施に至る経緯

　関西国際空港は平成6年9月4日に開港したが、施設整備のために多額の費用を要したことから、平成23年時点で1.3兆円を超える債務が発生しており、当該債務を返済し、財務状況を健全化する必要があった。そこで、関西国際空港と大阪国際空港の両空港を経営統合し、将来創設される予定の公共施設等運営権を設定するための所要の措置を講ずるため、平成23年3月11日、「関西国際空港及び大阪国際空港の一体的かつ効率的な設置及び管理に関する法律案」が閣議決定され、平成24年4月1日には「関西国際空港及び大阪国際空港の一体的かつ効率的な設置及び管理に関する法律（平成23年5月25日法律第54号）」（以下「統合法」という）に基づき、関西国際空港と大阪国際空港の両空港の一体的な運営等を行う新関西国際空港株式会社（以下「新関空会社」という）が設立された[3]。

　新関空会社は、統合法10条1項において、関西国際空港の整備に要した費用に係る債務の早期・確実な返済その他の会社の経営基盤を強化するために必要な措置を講ずるよう努めることが、同条2項では、両空港に係る公共施設等運営権の設定を適時に、かつ適切な条件で実施するよう努めることが義務づけられている。また、統合法29条～33条において、特定空港運営事業[4]

---

[3]　新関空会社は平成24年4月1日、国の100％出資によって設立され、平成27年3月31日時点の資本金は3,000億円、株主は国土交通大臣（91.53％の株式を保有）、財務大臣（8.47％の株式を保有）である。また、平成27年3月31日付有価証券報告書によると、資産約1兆2,380億円、経常利益約108億円である。

[4]　関西国際空港または大阪国際空港の運営等（PFI法2条6項に規定する運営等をいう）を行い、空港法13条1項に規定する着陸料等を自らの収入として収受する事業を含むものに限られる。

を実施する場合のPFI法、航空法等、特定空港運営事業を実施する際の関係法律の特例が定められている。PFI法に関し、統合法で定められている主要な特例は以下のとおりである。

	PFI法の規定	統合法による特例
事業の実施方法	公共施設等運営権の設定のみに限定されていない。	公共施設等運営権を設定することにより実施されるものでなければならない（統合法29条1項）。
実施方針の策定・特定事業の選定等	公共施設等の管理者等が定める（PFI法5条1項、7条等）。	新関空会社が定め、国土交通大臣の承認を受ける（統合法30条1項1号・2号等）。
公共施設等運営権実施契約の締結	内閣府令の定めに従い、公共施設の管理者等が締結する（PFI法22条1項）。	国土交通大臣の認可を受けなければ効力を生じない（統合法30条5項）。
公共施設等運営権者に対する指示等	公共施設等の管理者等は、公共施設等運営事業の適正を期するため、公共施設等運営権者に対して、業務、経理の状況に関し報告を求め、または実地調査、必要な指示ができる（PFI法28条）。	新関空会社が空港運営権者に対し報告を求め、または実施調査をした場合には、その結果を国土交通大臣に報告しなければならない（統合法30条8項）。国土交通大臣は、統合法の施行に必要と認めるときは、新関空会社に対し、PFI法28条に定める報告等を求めるよう命ずることができる（統合法30条9項1号）。
公共施設等運営権の取消し等	公共施設等の管理者等が公共施設等運営権を取り消し、またはその行使の停止を命ずることができる（PFI法29条1項）。	国土交通大臣は、統合法の施行に必要と認めるときは、新関空会社に対し、PFI法29条1項の規定により、公共施設等運営権の取消し等をするよう命ずることができる（統合法30条9項2号）。

そして、平成23年のPFI法の改正により、公共施設等運営権の設定が可能

となったことを受け、平成26年7月25日、関西国際空港運営事業についての実施方針が公表された。募集要項等は関心表明書を提出した者にのみ平成26年11月12日より配布されており、本書執筆時点では、「『関西国際空港及び大阪国際空港特定空港運営事業等募集要項等』の配布について」という新関空会社のニュースリリースにて運営権の対価等、募集要項等の内容の一部のみが開示されているにとどまる。

2　施設および事業の概要

　公表された実施方針によれば、関西国際空港運営事業の目的は、関西国際空港の際内乗継機能の強化を含む、国際拠点空港としての機能の再生・強化を図ること、大阪国際空港の環境に配慮した都市型空港としての運用、利用者ニーズに即した空港アクセスの強化等を図ること、運営権の対価の収受により、債務の早期・確実な返済を行うこと等である（本書10頁参照）。

　当該目的を果たすため、新関空会社によって選定され、同社との間で基本協定を締結した優先交渉権者は、関西国際空港運営事業の遂行のみを目的とするSPCを設立し、SPCは関西国際空港運営事業を実施するために必要な滑走路等の空港用施設について新関空会社から運営権の設定を受け、運営権者となる。

　運営権者は、新関空会社との間で関西国際空港運営事業の実施契約（以下「実施契約」という）を締結し、同契約の定めに従い、また、新関空会社から株式、契約、動産類の譲渡を受けて関西国際空港運営事業を実施する。他方、新関空会社は、両空港の資産を保有しながら、運営権者に対するモニタリング等を実施して関西国際空港運営事業の適切な実施を確保する。事業期間は、平成27年度中を想定する事業の開始時期から、平成71年度末までの45年間であり、運営権存続期間は延長されない。事業終了時に運営権者は、空港用施設を新関空会社またはその指定する第三者に引き渡し、関西国際空港運営事業を引き継ぐこととされている。

3　運営権者の収入および運営権の対価等

　実施方針によると、運営権者は、空港法等、法令上料金収受が禁止されていないことを確認したうえで、自己の経営判断に基づき、着陸料等を設定し、その収入とすることができるとされている。関西国際空港運営事業においては、実施契約に特段の定めがある場合を除いて、新関空会社は運営権者に対して事業の実施に関する費用を負担しないため、運営事業者は独立採算事業として、自らの柔軟な創意工夫により空港ビジネスを展開し、関西国際空港運営事業を実施することになる。他方、新関空会社は、運営権者から支払われた運営権の対価により、債務の返済および空港用地を保有している会社への賃料の支払等を行い、当初の目的であった財務状況の健全化を図ることになる。

　運営権者が実施すべき事業は、義務的事業（空港の運営に係る滑走路等の基本施設の運営・維持管理業務や、環境対策事業、関西国際空港の給油施設・鉄道施設の管理受託業務等）と任意的事業に分けられており、運営権者は、事業の目的にかなうものであり、運営権者が必要と考えるものについて、新関空会社の承認を得たうえで実施することができるとされている[5]。

　運営権の対価は、最低提案価格（基準価格[6]から、毎年事業年度の収益に連動する負担金[7]（収益連動負担金）の評価額[8]、履行保証金の評価額[9]を控除した金額）を上回る提案のみを受けるものとされており、実施契約締結後に、運営権者が新関空会社に対し、契約締結時に定められた金額を事業期間にわた

---

[5] なお、任意事業に関し、神戸空港の管理者が神戸空港の運営を他社に行わせようとする場合には、運営権者の元で同空港を一元的に運営することにより、関西国際空港の国際拠点空港としての再生・強化および関西全体の航空輸送需要の拡大を図る目的から、神戸空港の管理者と交渉を行うことができる旨、実施方針に記載がされている。

[6] 「『関西国際空港及び大阪国際空港特定空港運営事業等募集要項等』の配布について」によると、基準価格は392億円であり、運営権対価に含めていた固定資産税等は実際に支払う課税額等を別途精算することとし、株式動産等譲渡対価については、その相当額を運営権対価から切り離すこととされている。

り、事業年度ごとに支払うものとされている。

　上記の方法で運営権の最低提案価格を計算する場合、関西国際空港運営事業開始時の履行保証金を高く設定した場合には、運営権の対価として各事業年度に支払う金額が少なくなり、関西国際空港運営事業開始時の履行保証金を低く設定した場合には、運営権の対価として各事業年度に支払う金額が多くなる、ということになる。また、毎期に支払うべき運営対価も、すべてを固定支払とする提案や、収益に連動する負担金と固定支払を併用する提案を選択でき、収益に連動する負担金と固定支払を組み合わせる場合でも、その割合についてさまざまな選択ができることになるため、応募者は、毎期の固定支払、収益に連動する負担金、事業開始時に支払う履行保証金を組み合わせ、多様な運営権の対価を提示することが可能である。

　なお、履行保証金は、順次運営権者に返還されるが、運営開始から5年間は、経営基盤の確立に向けた重要な期間であるため、運営権者に事業の着実な履行を促す観点から、最低保証金額の約3分の1の560億円を上記期間中均等に割り当て、残額については、事業開始からの5年間を含む全事業期間にわたって均等に割り当て、履行確認後に返還される予定である。

4　その他の特色とリスク分担

　運営権者は、新関空会社の職員について、募集要項にて示される条件で雇

---

7 「『関西国際空港及び大阪国際空港特定空港運営事業等募集要項等』の配布について」によると、応募者は、毎事業年度の収益の10％を上限とする定数割合の収益連動負担金を支払うことを提案でき、収益が1,500億円を超える部分については、10％を上限としつつ、段階分け等も含め自由に提案できることとされている。また、運営権者が収益を拡大させるような設備投資を行った場合に、その投資によって向上する営業収益部分を投資回収期間において、収益連動負担金の算定から控除することとされている。
8 「『関西国際空港及び大阪国際空港特定空港運営事業等募集要項等』の配布について」によると、履行保証金の最低金額は1,750億円とされている。
9 「『関西国際空港及び大阪国際空港特定空港運営事業等募集要項等』の配布について」によると、最低提案価格の算定にあたっては、履行保証金の額に1.1％を乗じた金額が評価額とされている。

用を承継する義務を負うほか、義務的事業のうち一部の業務は、高い専門的知識・経験が求められるため、関西国際空港および大阪国際空港の円滑な運営を確保するため、事業開始日以降一定期間（5年を超えない期間）に限り、運営権者が従来の空港の運営者である新関空会社に業務を委託することが想定されている。この期間中、運営権者は新関空会社に対象業務を担当する人員を出向させ、新関空会社による業務を補佐するとともに、新関空会社からの技術その他のノウハウを承継して、人材育成を行うなどして必要な体制を整備するものとされている。

運営事業を実施するうえでのリスク負担については、着陸料等の設定・収受が原則として運営権者の自由に委ねられていることから、原則として運営権者が負担することとしつつ、公共施設等の管理者でなければ負担することのできない不可抗力、法令変更、緊急事態、関西国際空港用地の沈下等の場合には、限定的に新関空会社が負担するものとされており、危険の負担については、従来のPFI事業と同様である。ただし、事業開始日以降の関西国際空港運営事業に関する建設作業については、募集要項に示す方法により運営権者が実施および費用負担の責任を負うが、事業開始日以前から新関空会社にて実施している大阪国際空港ターミナルビル改修事業については、①事業開始日に運営権者が工事請負契約を承継し、その実施における責任を負う、②工事代金については、承継時点で明らかになっている額の範囲で新関空会社が負担する、③工事代金が承継時点で明らかになっている額を超過した場合には、運営権者が負担する、という方法で負担が決められる予定である。ただし、詳細については募集要項等で明らかにされると定められており、詳細な内容は公表されていない。

なお、平成24年12月26日付で新関空会社が公表した「参加資格審査結果の公表について」によると、募集要項等に記載された参加資格要件を充足した参加資格審通過者は合計20社存在した。その後、平成27年6月12日付で新関空会社が公表した「『関西国際空港及び大阪国際空港特定空港運営事業等』に係る第一次審査結果等について」において、新関空会社と参加資格通

過者との間で質問・回答を重ね、平成27年5月22日に3社が第一次審査書類を提出し、審査の結果、「オリックス、ヴァンシ・エアポートコンソーシアム（ORIX・VINCI Airports Consortium）」が第一次審査を通過したこと、残り2社は実施方針に定める応募者の代表企業要件が満たされていなかったことから、非通過とされたことが発表された。本書執筆時点では、平成27年9月18日までに第一次審査通過者が新関空会社に第二次審査書類を提出し、同年11月頃には優先交渉権者を選定する予定とされている。

第5節　シカゴ・スカイウェイ・トール・ブリッジ

1　施設の概要

　シカゴ・スカイウェイ・トール・ブリッジ（the Chicago Skyway Toll Bridge）は、アメリカ合衆国イリノイ州シカゴ市（the City of Chicago）において、ダンライアン高速道路（Dan Ryan Expressway）とインディアナ有料道路（Indiana Toll Road）とを結んでおり、また、カルメット川（Calumet River）を橋でまたぐ、全長7.8マイル（約12.6キロ）の有料道路である。
　上下3レーンずつが中央分離帯で分離された合計6レーンの道路であり、途中に休憩所においてレストランの営業がある。
　供用開始は昭和33（1958）年であり、PFI事業の公募の開始時点ではすでに運営開始から約45年間が経過していた。
　従来はシカゴ市の道路環境局（Department of Streets and Sanitation）により運営・維持管理が行われ、シカゴ市は、道路の使用料金の収受を現金でのみ行っていた[10]。
　事業期間は、平成16（2004）年に事業契約の締結、平成17（2005）年から事業の運営開始で、コンセッション期間は99年間であった[11]が、PFI事業の公募前の平成13（2001）～平成16（2004）年にかけて、シカゴ市は、2.5億ドルをかけてシカゴ・スカイウェイ・トール・ブリッジの補修・大規模更新を行った。この補修・大規模更新により、引渡し時点のシカゴ・スカイウェイ・トール・ブリッジの状態を比較的よい状態にすることができ、老朽施設

10　以上につき、プライスウォーターハウスクーパース「諸外国におけるPFI・PPP手法（コンセッション方式）に関する調査報告書（平成23年1月31日）」54頁（以下「PWC報告書」という）
11　PWC報告書52頁

の引継ぎに関するリスクを小さく見積もらせ、入札額を高める効果があった可能性が高いとされている[12]。

2 PFI手法の概要

シカゴ市（the City of Chicago）が、事業者（the Concessionaire）に対し、シカゴ市が建設・所有し、運営・維持管理していた既存の有料道路であるシカゴ・スカイウェイ・トール・ブリッジ（the Chicago Skyway Toll Bridge）等を賃貸し、スカイウェイ（下記参照）の利用・運営・維持管理・更新・利用料金徴収等を実施する権利を許諾する事業[13]である。

リース・独立採算事業であり、既存の有料道路の長期リースとしては米国初の事例である[14]。

3 事業契約の特色

(1) 当事者

発注者はシカゴ市、事業者はSkyway Concession Company, L.L.C.である。

(2) 事業類型

リース構成をとっており、独立採算型である。具体的には、次のとおりとなっている。

---

[12] PWC報告書54頁
[13] City of Chicago (2004), "OFFICIAL RECORD: AUTHORIZATION FOR EXECUTION OF CONCESSION AND LEASE AGREEMENT FOR OPERATION OF CHICAGO SKYWAY TOLL BRIDGE SYSTEM" p.1（以下「City of Chicago (2004)」という）
[14] PWC報告書54頁

ア　リース構成

> 2.1条　リースおよびコンセッションの許諾[15]
>
> 　クロージング日において有効な、この契約の条件において、および、この契約の条件に従い、(a)事業者は、市に対し、●ドル（以下「賃借料（the Rent）」という）を現金で支払わなければならず、(b)市は、事業者に対し、(i)この契約に定めるところにより早期に解除されない限り、クロージング日から始まり、クロージング日の99周年にあたる日に満了する契約期間（以下「事業契約期間」という）中において、事業契約書に規定する担保等（Permitted City Encumbrances）を除き、担保等の制約のない状態で、スカイウェイ・ランド（※事業契約書のSchedule 5に記載されている土地等をいう）、および、スカイウェイ・ファシリティ（※スカイウェイ・ランドの土地上に、現在または将来、ある建物等をいう）を賃貸（demise and lease）し、また、それに関連して、ハイウェイ目的、および、その他この契約に従う目的による、スカイウェイ（※スカイウェイ・ランドおよびスカイウェイ・ファシリティの総称をいう）の利用・占有・運営・管理・維持・更新・利用料金の徴収を行う排他的な実施権を許諾

15　City of Chicago（2004）p.27
　　"Section 2.1 Grant of Lease and Concessions.
　Upon the terms and subject to the conditions of this Agreement, effective at the Time of Closing, (a) the Concessionaire shall pay the City the exact amount of $ [●] in cash (the "Rent") and (b) the City shall (i) demise and lease the Skyway Land and the Skyway Facilities to the Concessionaire free and clear of Encumbrances other than Permitted City Encumbrances, and in connection therewith grant the Concessionaire the exclusive right to use, possess, operate, manage, maintain, rehabilitate and toll the Skyway for Highway Purposes and otherwise in accordance with and pursuant to this Agreement, in each case for and during the term (the "Term") commencing on the Closing Date and expiring on the 99th anniversary of the Closing Date, unless sooner terminated as herein provided and (ii) assign, transfer and otherwise convey to the Concessionaire each of the Skyway Assets and Assigned Skyway Contracts, and the Concessionaire shall accept each such demise, lease, assignment, transfer and conveyance (collectively, the "Transaction").

し、ならびに、(ⅱ)スカイウェイ・アセット（※事業契約書のSchedule 4 に記載されている、シカゴ・スカイウェイ・トール・ブリッジの運営に関連して用いられるシカゴ市の動産をいう）、および、譲渡されるスカイウェイ契約（※事業契約書のSchedule 1 に記載されている、シカゴ市が当事者であり、スカイウェイの運営に関連する契約をいう）のいずれをも譲渡・移転・その他付与する。事業者は、これらの賃貸、譲渡、移転、付与（以下「トランザクション」と総称する）のいずれをも受け入れなければならない。

スカイウェイは、シカゴ市が所有し、シカゴ市は、事業契約期間中、事業者に対し、スカイウェイを賃貸する。

具体的には、上記2.1条において、事業者はシカゴ市に対し、賃借料（the Rent）として約18億3,000万ドルを支払い[16]、これに対して、シカゴ市は事業者に対し、

① スカイウェイ・ランド（事業契約書のSchedule 5 に記載されている土地（Skyway Land）[17]）、および、スカイウェイ・ファシリティ（スカイウェイ・ランドの土地上に、現在または将来、ある建物等（Skyway Facility）[18]）を賃貸（demise and lease）し（なお、事業契約書上、この土地と建物等をあわせてスカイウェイ（Skyway）と総称している[19]）、

② ハイウェイ目的[20]、および、事業契約書にしたがう目的における、スカイウェイの利用・占有・運営・管理・維持・更新・利用料金の徴収等の排他的実施権を許諾し、

③ スカイウェイ・アセット（事業契約書のSchedule 4 に記載されている、シ

16　PWC報告書52～53頁
17　City of Chicago（2004）p.23
18　City of Chicago（2004）p.23
19　City of Chicago（2004）p.22
20　同種の高速自動車道路における一般的な利用による交通手段として利用することを意味する（City of Chicago（2004）p.14）。

カゴ・スカイウェイ・トール・ブリッジの運営に関連して用いられるシカゴ市の動産（Skyway Assets）[21]、および、譲渡されるスカイウェイ契約（事業契約書のSchedule 1 に記載されている、シカゴ市が当事者であり、スカイウェイの運営に関連する契約（Assigned Skyway Contracts）[22]）を譲渡・移転等する、

という構成がとられている。

　事業契約の期間は、クロージング日より99年間であり、賃借料（the Rent）である約18億3,000万ドルは、クロージング日に一括して支払われている[23]。

　なお、既存の有料道路の長期リースとしては、米国初の事例である[24]。

イ　独立採算型

3.2条　スカイウェイの運営等（Skyway Operations）[25]

(a)　利用　この契約で別途明確に定められない限り、事業者は、事業契

21　City of Chicago（2004）p.22
22　City of Chicago（2004）p.7
23　City of Chicago（2004）p.27、PWC報告書57頁
24　PWC報告書52頁
25　City of Chicago（2004）p.35
　"Section 3.2 Skyway Operations.
(a) *Use.* Except as otherwise specifically provided herein, the Concessionaire shall, at all times during the Term, (i) be responsible for all aspects of the Skyway Operations, and (ii) cause the Skyway Operations to be performed in accordance with the provisions of this Agreement and applicable Law. The Concessionaire shall, at all times during the Term, cause the Skyway to be continuously open and operational for use by all members of the public for Highway Purposes as a controlled access highway, 24 hours a day, every day, except only for closures specifically permitted under this Agreement or required by applicable Law or as necessary to comply with any other requirement of this Agreement.
(b) *Costs and Expenses.* Except as otherwise specifically provided herein, the Concessionaire shall, at all times during the Term, pay or cause to be paid all costs and expenses relating to the Skyway Operations as and when the same are due and payable.
(c) （以下省略）"

> 約期間中いつでも、(i)スカイウェイの運営等のあらゆる側面について責任があり、(ii)スカイウェイの運用等がこの契約の条項および適用法にしたがって履行されるようにする義務がある。事業者は、事業契約期間中いつでも、毎日、1日24時間、アクセス制御されたハイウェイとして、すべての公共のメンバーによるハイウェイ目的の利用のため、スカイウェイを継続してオープンし、運行可能にする義務があるが、この契約のもとで明確に許容される閉鎖、適用される法律により求められる閉鎖、または、この契約の他の要件・要求を遵守するために必要な閉鎖の場合のみは除かれる。
> (b) 費用および経費 この契約で別途明確に定められない限り、事業者は、事業契約期間中いつでも、スカイウェイの運営等に関連するすべての費用および経費を、それらが支払期限にあり、支払わなければならないときに支払い、または、支払わせる義務がある。
> (c) (以下省略)

　事業契約書において明確に定められない限り、事業者は、事業契約期間中いつでも、スカイウェイの運営等に関連する費用を適時に支払う義務がある（上記3.2条(b)）。スカイウェイの運営等に関連して生じる税金についても、事業者に支払う義務が課され（3.10条 Payment of Taxes.[26]）、ガス・電気・光熱・電話・水道等の諸料金についても、同様に、事業者の支払義務が規定されている（3.11条 Utilities.[27]）。

---

[26] City of Chicago (2004) p.41
　"The Concessionaire shall pay when due all Taxes that are or become payable in respect of periods during the Term in respect of the operations at, occupancy of, or conduct of business in or from the Skyway and fixtures or personal property included in the Skyway Facilities." (以下省略)

[27] City of Chicago (2004) p.42
　"The Concessionaire shall pay when due all charges (including all applicable Taxes and fees) for gas, electricity, light, heat, power, telephone, water and other utilities and services used in the Skyway Operations or supplied to the Skyway during the Term." (以下省略)

7.3条 収　　入[28]

(a)　スカイウェイ収入　事業者は、事業契約期間中いつでも、次の各号のすべての収入に対する権利・権原・資格・利益をもつ。

(i)　事業者により、または、事業者を代理して、事業契約期間中にスカイウェイ (Skyway) を利用する車両等に関して課される料金収入 (Toll Revenue)、

(ii)　1991年9月10日付のマクドナルド (McDonald's Corporation) とシ

28　City of Chicago (2004) p.51
"Section 7.3 Revenues.
(a) *Skyway Revenues.* The Concessionaire shall, at all times during the Term, have the right, title, entitlement and interest in all revenues (i) charged by or on behalf of the Concessionaire in respect of vehicles using the Skyway during the Term ("Toll Revenues") and (ii) generated pursuant to that certain Lease between McDonald's Corporation and the City of Chicago Skyway Toll Bridge Restaurant Site, dated September 10, 1991 (the "McDonald's Lease"), as assigned by the City to the Concessionaire as of the Closing Date pursuant to Section 2.1 or pursuant to the operation of any other restaurant Approved by the City on that portion of the Skyway that is subject to the McDonald's Lease at the Time of Closing (collectively, "Restaurant Revenues" and together with Toll Revenues, "Skyway Revenues") (it being understood and agreed that the operation of any such restaurant shall be part of the Skyway Operations).
(b) *Other Revenues.* All sources of revenues and activities generating revenues other than Skyway Revenues, including revenues from mass transit facilities, the sale of goods or services (including packaged goods, alcohol, tobacco, gaming and gasoline), the installation of utilities or similar services and safety measures (including water and sewer lines, power transmission lines, fiber optic cable, surveillance equipment and other communications) and the erection of billboards and other forms of advertisement, shall be controlled by, and the property of, the City, and, subject to Section 3.7(a), the Concessionaire shall have no right, title, entitlement or interest therein whatsoever.
(c) *Use of Toll Revenues.* The Concessionaire shall use all Toll Revenues for debt service related to the Skyway and for the costs necessary for the proper operation and maintenance of the Skyway (including reconstruction, resurfacing, restoration and rehabilitation of the Skyway in compliance with the requirements of this Agreement) prior to making any distribution of such Toll Revenues to any holder of an equity interest in the Concessionaire.
(d)　（以下省略）"

カゴ市スカイウェイ・トール・ブリッジ・レストラン・サイト（the City of Chicago Skyway Toll Bridge Restaurant Site）との間で締結されたリース契約（以下「マクドナルド・リース」という）により生じる収入で、2.1条に従いクロージング日において市から事業者に譲渡される収入、または、市によって承認される、クロージング日において、マクドナルド・リースに服するスカイウェイの一部である、他のレストランの運営にしたがって譲渡される収入（「レストラン収入（Restaurant Revenues）」と総称し、また、車両等に関して課される料金収入（Toll Revenue）とあわせて「スカイウェイ収入（Skyway Revenues）」という）（それらのレストランの運営は、スカイウェイの運営等（Skyway Operations）の一部であることが理解され、合意される）

(b) その他の収入　大量交通施設、商品またはサービスの売上げ（包装された製品、アルコール、タバコ、賭け事（gaming）、ガソリンを含む）、施設の設置または類似のサービスおよび安全措置（上下水道（water and sewer lines）、送電線（power transmission lines）、光ファイバーケーブル（fiber optic cable）、監視装置（surveillance equipment）および他の通信・伝達手段を含む）、ならびに、広告板の組立て（the erection of billboards）およびその他の形態による宣伝広告から生じる収入を含む、スカイウェイ収入（Skyway Revenues）以外の収入源および収入を生み出す活動のすべては、市によってコントロールされ、また、市の財産であり、3.7条(a)に従い、事業者は、何であれそれらに対する権利・権原・資格・利益を有さない。

(c) 車両等に課される料金収入（Toll Revenues）の利用　事業者は、事業者の持分保有者に対して、車両等に関して課される料金収入（Toll Revenues）を分配する前に、車両等に関して課される料金収入（Toll Revenues）のすべてを、スカイウェイに関連する未払金（debt service）、および、スカイウェイの適切な運営・維持管理（この契約の

第4章　公共施設等運営権の実例　167

> 要求・要件を遵守するためのスカイウェイの改築（reconstruction）、再舗装（resurfacing）、回復（restoration）および修復（rehabilitation）を含む）のために必要な費用のために、使用しなければならない。
>
> (d) （以下省略）

　事業者は、①事業契約期間中、スカイウェイを使用する車両等に関して課される料金収入（Toll Revenues）、および、②レストランからの賃貸収入（Restaurant Revenues）のすべて（両者をあわせてスカイウェイ収入（Skyway Revenues）と総称する）について、収受する権利・権原・資格・利益を有する（上記7.3条(a)）。

　他方、スカイウェイ収入（Skyway Revenues）以外の収入源や収入を生み出す活動等（製品・サービスの売上高など）については、シカゴ市によりコントロールされ、また、シカゴ市の財産であり、事業者は、これらに関する権利・権原・資格・利益をいっさい有さない（上記7.3条(b)）。

　なお、事業者は、これに加え、事業者の持分保有者に対して、車両等に関して課される料金収入（Toll Revenues）を分配する前に、それらの料金収入（Toll Revenues）を、スカイウェイに関連する未払金（debt service）およびスカイウェイの適切な運営・維持管理のために必要な費用のために使用する義務がある（上記7.3条(c)）。

　このほか、収入をシカゴ市と事業者とで共有するような条件や、事業者の収益を制限するような規定はない[29]。

ウ　料金体系

> **7.1条　料金規制**[30]
> 　事業者は、事業契約書のSchedule 6に記載されている規制（Tolling Regulation）を遵守しなければならない。疑義を避けるため明記すると、

---

[29]　PWC報告書56～57頁

> Schedule 6に定める料金レベルの範囲内の料金の増額またはその他の変更については、市の同意または承認は要求されない。

　事業者は、事業契約書のSchedule 6に記載されている規制（Tolling Regulation）を遵守する義務があるが、同記載の料金レベルの範囲内の料金の増額・変更である限り、料金を変更する場合であっても、シカゴ市の同意・承認は要求されない（上記7.1条）。

　これを受け、事業契約書のSchedule 6では、概略として、次の事項が定められている。

① 事業者は、事業契約期間中、スカイウェイ・トール・ブリッジの利用車両等に関連し、利用料金を設定・徴収し、支払わせる権利を有すること（Section 1. Right To Establish Tolls.(a)[31]）。

② 利用料金の設定・徴収の対象外である車種の列挙……消防車、警察車両、外交官用のプレートを付けた車両、救急車、シカゴ市・その関連部署が所有・運用する車両については対象外である（Section 1. Right To Establish Tolls.(b)[32]）。

③ 料金変更にあたり、シカゴ市・市民に対する通知が必要であること……シカゴ市に対しては、変更の実施の90日前までに、市民に対しては、変更の実施の60日前以降に、通知を行う必要がある（Section 2. Notices.[33]）。

④ 設定可能な利用料金の上限（Maximum Toll Level）が決められていること……クロージング日から平成29（2017）年までは具体的な上限額が定め

30　City of Chicago（2004）p.50
　　"**Section 7.1 Tolling Regulation.**
　　The Concessionaire shall comply with the provisions of the Tolling Regulation set forth in <u>Schedule 6</u>. For the avoidance of doubt, no consent or approval of the City shall be required for any increase or other change in tolls that falls within the toll levels specified in that <u>Schedule 6</u>."
31　City of Chicago（2004）p.625〜626
32　City of Chicago（2004）p.626
33　City of Chicago（2004）p.626〜627

られている。平成29（2017）年以降については、直近の期間の上限額を、同期間の初日から最終日までの間のインフレ率により調整した増加額、直近の期間の上限額を、同期間の初日から最終日までの間の一人当りGDPの増加率により調整した増加額、直近の期間の上限額の年２％の割合による増加額のうち、最も大きい金額が上限額となる（Section 3. Tolling Level Requirements.[34]）。

(3) 業務範囲

ア　運営・維持管理

> **3.2条　スカイウェイの運営等**[35]（再掲）
>
> (a)　利用　この契約で別途明確に定められない限り、事業者は、事業契約期間中いつでも、(i)スカイウェイの運営等のあらゆる側面について責任があり、(ii)スカイウェイの運用等がこの契約の条項および適用法にしたがって履行されるようにする義務がある。事業者は、事業契約期間中いつでも、毎日、１日24時間、アクセス制御されたハイウェイとして、すべての公共のメンバーによるハイウェイ目的の利用のため、スカイウェイを継続してオープンし、運行可能にする義務があるが、この契約のもとで明確に許容される閉鎖、適用される法律により求められる閉鎖、または、この契約の他の要件・要求を遵守するために必要な閉鎖の場合のみは除かれる。
>
> (b)　（以下省略）

事業者は、事業契約書上で明記されない限り、事業契約期間中いつでも、スカイウェイの運営等（Skyway Operations）のあらゆる面について責任を

---

[34] City of Chicago（2004）p.627〜632
[35] City of Chicago（2004）p.35

負い、スカイウェイの運営等(Skyway Operations)の事業契約書および適用される法律に従った実施を行う義務がある(上記3.2条(a))。

ここでいうスカイウェイの運営等(Skyway Operations)とは、スカイウェイの運営・維持管理・修復・料金徴収、および、事業契約書にしたがって、事業者により、または、事業者を代理して行われる、スカイウェイに関連する行動その他と定義され(1.1条 Definitions.[36])、広範な業務範囲をカバーしたかたちの規定となっている。

6.1条 運営基準(Operating Standard)の遵守[37]

事業者は、事業契約期間中いつでも、すべての重要な面において、運営基準(the Operating Standards)を(この契約の条項にしたがったいかなる運営基準(the Operating Standards)の変更または修正を含む)遵守・実施しなければならず、また、スカイウェイの運営等(Skyway Operations)をして遵守・実施させなければならない。市および事業者は、運

---

[36] City of Chicago (2004) p.23
[37] City of Chicago (2004) p.48
"Section 6.1 Compliance with Operating Standards.
 The Concessionaire shall, at all times during the Term, and cause the Skyway Operations to, comply with and implement the Operating Standards in all material respects (including any changes or modifications to the Operating Standards pursuant to the terms of this Agreement). The City and the Concessionaire acknowledge and agree that the Operating Standards shall be construed flexibly in light of their objectives. The Concessionaire shall have in place procedures that are reasonably designed to achieve compliance with the Operating Standards. The Operating Standards shall not be deemed to be violated by occasional or incidental acts or omissions, including any occasional or incidental failure to comply with specific requirements set forth in the Operating Standards. Without limitation on the generality of the foregoing, any failure to meet specific time limits, durations or frequencies set forth in the Operating Standards shall not constitute a violation, provided that any such failure is not inconsistent with procedures that are reasonably designed to achieve compliance with the requirements set forth in the Operating Standards. Except as specifically set forth herein, the Concessionaire shall perform all work required to comply with and implement the Operating Standards (including the capital improvements described therein) as part of the Skyway Operations and at its sole cost and expense."

営基準（the Operating Standards）は、それらの目的の観点から、柔軟に解釈されることを認め、合意する。事業者は、運営基準（the Operating Standards）の遵守を達成するために合理的に設計された手続を機能させなければならない。運営基準（the Operating Standards）は、運営基準（the Operating Standards）に定める特定の要求・要件の遵守の偶然または付随的な懈怠を含む、偶然または付随的な作為または不作為によって侵害されたとみなされてはならない。上記の一般原則を制限することなく、運営基準（the Operating Standards）に定める特定のタイムリミット、持続期間または頻度を満たすことの懈怠は、それらの懈怠が運営基準（the Operating Standards）に定める要求・要件の遵守を達成するために合理的に設計された手続と一致しない（inconsistent）ものでないことを条件として、侵害を構築しない。この契約に明確に定められる場合を除き、事業者は、スカイウェイの運営等（Skyway Operations）の一部として、自らの唯一の費用・経費負担において、運営基準（the Operating Standards）を遵守・実施するために要求されるすべての業務を履行しなければならない（運営基準（the Operating Standards）に規定される資本改善（capital improvements）を含む）。

　事業者は、運営基準（Operating Standards）を遵守し、運営基準（Operating Standards）に従ったスカイウェイの運営等（Skyway Operations、上記のとおり、スカイウェイの運営・維持管理等をいう）の実施を行う義務がある（上記6.1条）。

　ここでいう運営基準（Operating Standards）とは、事業契約書のSchedule 3 [38]（このSchedule 3は、維持管理に関する要求水準（"Maintenance Manual"）と運営等に関する要求水準（"Operations And Procedure Manual"）から構成され、かなり大部にわたる文書である）に記載されている、スカイウェイの運

---

[38]　City of Chicago（2004）p.122〜349

営・維持管理・修復・料金徴収、資本等の改善に適用される、基準・仕様・ポリシー・手続・過程をいう（1.1条　Definitions.[39]）。

　そして、事業契約書で明記されない限り、事業者は、その費用負担において、スカイウェイの運営等（Skyway Operations）の一部・一環として、運営基準（Operating Standards）を遵守・実施するために必要なすべての業務を行う義務がある（上記6.1条）。

イ　警察業務

> **3.16条　警察の関与（Engagement of Police.）[40]**
> （a）　警察業務の要求レベル　市は、シカゴ市警（CPD）をして、市が市

---

[39] City of Chicago（2004）p.19
[40] City of Chicago（2004）p.44
　　"Section 3.16 Engagement of Police.
（a）*Required Level of Police Service.*　The City shall cause the CPD to provide traffic patrol and traffic law enforcement services on the Skyway at the same level as the City provides on City-owned and operated streets and railways, which shall, in no event, be less than that provided on the Skyway as of the Closing Date, and, in connection therewith, the CPD shall be empowered to enforce all applicable Laws within the CPD's jurisdiction.（以下省略）
（b）*Budget for CPD Service.*　The Concessionaire shall reimburse the Coty for all costs and expenses reasonably incurred by the City during the Term related to the provision of such services（including employment costs and related overhead expenses allocable thereto, as reasonably determined by the City based on the time expended by the employees who render such services）.　No less than 60 days prior to the beginning of each Lease Year, the Concessionaire and the City shall agree on an annual budget for the CPD services to be provided with respect to the Skyway for that upcoming Lease Year, which will specify the level of services to be so provided and the cost of such services（and any additional services that may be requested by the Concessionaire as contemplated herein）.　The City costs and expenses for such services for the first Lease Year, which shall be reimbursed by the Concessionaire, shall be $700,000, which represents the cost of one CPD squad car staffed with one CPD police officer twenty-four hours per day, every day, and related overhead expenses allocable thereto.　If by the first day of any Lease Year the Parties have been unable to reach agreement concerning such annual budget, then the annual budget in effect for the immediately prior Lease Year, Adjusted for Inflation, shall continue to be in effect until such time as the Parties reach such agreement.
（c）（以下省略）"

有・市営の道路および軌道において提供するものと同じレベルにより（いかなる場合であっても、クロージング日においてスカイウェイにおいて提供されているものより低いレベルであってはならない）、スカイウェイ（Skyway）において、交通パトロールおよび交通法規の執行の業務・サービスを提供させなければならず、ならびに、これらと関連して、シカゴ市警（CPD）は、シカゴ市警（CPD）の管轄内における適用される法律のすべてを執行する権限を与えられる。(以下省略)

(b) シカゴ市警（CPD）の業務・サービスの予算　事業者は、市に対し、それらの業務・サービスの提供に関連して、事業契約期間中において合理的に市に発生する、すべての費用・経費を弁済しなければならない（それらの業務・サービスを実施する従業員・職員により費やされる時間に基づき、市により合理的に決定される、人件費およびそれに割当可能な関連する間接費を含む）。各リース年度の初日の60日前までには、事業者および市は、当該リース年度において、スカイウェイ（Skyway）に関して提供される、その提供される業務・サービスのレベルおよび費用（およびこの契約において企図されているところにより、事業者によって要求されうる、追加的な業務・サービス）を特定する、シカゴ市警（CPD）の業務・サービスのための年間予算に合意しなければならない。事業者によって弁済されなければならない、最初のリース年度におけるそれらの業務・サービスについての市による費用・経費は、70万米ドルである（この額は、毎日、1日24時間、一人のシカゴ市警（CPD）の警察官を配した一つのシカゴ市警（CPD）の捜査班の車両についての費用およびそれに割当可能な関連する間接費を表している）。リース年度の初日までに両当事者がそれらの年間予算に関する合意に達することができない場合、インフレにより調整された（Adjusted for Inflation）、直前のリース年度に有効な年間予算が、両当事者が合意に達するまでの間、有効に存続する。

> (c) （以下省略）

　スカイウェイにおける警察業務については、事業者ではなく、シカゴ市警 (the City of Chicago Police Department、"CPD"と定義されている）が担当し、そのサービスレベルは、シカゴ市が市所有・運営の道路・鉄道において提供しているレベルと同様で、かつ、クロージング日においてスカイウェイにおいて提供されているレベルを下回ることはない（上記3.16条(a)）。

　また、事業契約期間中、警察業務の提供に関連して、シカゴ市に合理的に発生する費用のすべては、事業者が弁済する義務がある（上記3.16条(b)）。

　シカゴ市と事業者は、各リース年度の初日の60日前までに、翌年度にシカゴ市警（CPD）がスカイウェイに関して提供する警察業務の年間予算につき合意するが、リース年度の初日までに年間予算について合意に至らない場合には、（インフレ率によって調整された）前年度の予算が引き続き有効となる（上記3.16条(b)）。

ウ　拡張等の業務

> **5.1条　市の指示・命令[41]**
> 　市は、事業契約期間中いつでも、事業者に対し、市の指示・命令 (City Directive) を発することができる。市の指示・命令（City Directive）を実施するために必要となる業務に対する支払の実行が求められるとき、または、それ以前において、市が事業者に対して利用可能とする、それらの業務の履行に十分な資金に従い（または、市がそのような資金を提供しない場合には、合理的に利用可能なそれらの業務のための他の金融源に従い）、事業者は、当該市の指示・命令（City Directive）の実施のために必要な業務を履行し、市は、事業者に対し、それらに関連してコンセッション補償金（the Concession Compensation）を支払わなければならない。

5.2条　事業者の要求

　事業契約期間中、事業者が拡張（Expansion）の着手、または、他のスカイウェイ（Skyway）の範囲・性質・量・質・位置・場所における重要な変更、もしくは、その他の類似するスカイウェイ（Skyway）の重大な変更の実施を望む場合、事業者は、市に対し、市による承認（the City's Approval）のため、当該拡張（Expansion）またはその他の変更に関する事業者の要求（Concessionaire Request）を提出することができる。事業者は、承認された事業者の要求（Approved Concessionaire Request）の実施のために必要となる金額のすべて（およびそれらと関連して発生する損失（Losses））に対して責任を有する。いかなる事業者の要求（Concessionaire Request）も、市による承認がなければ、また、市による承認がなされるまでは、実施することができない；ただし、拡張

41　City of Chicago（2004）p.47
　"Section 5.1 City Directives.
　The City may, at any time during the Term, issue a City Directive to the Concessionaire. Subject to the City making available to the Concessionaire sufficient funds to perform the work required to implement such City Directive at or before the time payment for such work is required to be made (or, if the City does not provide such funds, other sources of financing for such work being reasonably available), the Concessionaire shall perform the work required to implement such City Directive, and the City shall pay to the Concessionaire the Concession Compensation with respect thereto.

　Section 5.2 Concessionaire Requests.
　If the Concessionaire wishes at any time during the Term to undertake an Expansion or make another fundamental change in the dimensions, character, quality, location or position of any part of the Skyway or other similar capital change of the Skyway, then the Concessionaire may submit to the City, for the City's Approval, a Concessionaire Request with respect to such Expansion or other change. The Concessionaire shall be responsible for all amounts required to implement an Approved Concessionaire Request (and any Losses incurred in connection therewith). No Concessionaire Request shall be implemented unless and until such Concessionaire Request has been Approved by the City; *provided, however*, that such Approval may by withheld, delayed or otherwise conditioned in the discretion of the City if the Expansion requires the acquisition or condemnation of Additional Lands or other property by the City."

> (Expansion) が市による追加の土地（Additional Lands）またはその他の財産の取得または収用を必要とする場合には、市による承認は、市の裁量により、留保・遅延・その他条件付けされることができる。

　事業契約書のもとでは、拡張（Expansion）とは、スカイウェイ・ランド（Skyway Land）またはその一部における、建築物・設備・その他の改良物の建設・設置・交換・変更・改修をいう（1.1条　Definitions.[42]）。
　そして、シカゴ市は、事業契約期間中いつでも、その費用負担により、事業者に対し、拡張（Expansion）の実施を市の指示・命令（City Directive）として行うことができ（上記5.1条）、この場合、シカゴ市は、事業者に生じた／生じると見込まれる料金収入の減少額の補償を支払う（the Concession Compensation[43]）。なお、市の指示・命令（City Directive）の内容としては、拡張（Expansion）の実施のほか、①事業契約書の定めに加え、スカイウェイ（Skyway）に関連する業務を追加・実施すること、②スカイウェイ（Skyway）やスカイウェイの運営等（Skyway Operations）の範囲・性質・量・質・種類・場所の免除・消去・変更、または、スカイウェイ（Skyway）やスカイウェイの運営等（Skyway Operations）に対するその他の変更を指示することも可能である。
　他方、事業者も、拡張（Expansion）の実施を希望する場合、シカゴ市に対して承認を要求することができ、承認を得られた要求については、事業者が、その実施に必要となるすべての金額を（これに関連して生じる損失・損害

---

[42] City of Chicago (2004) p.13
[43] City of Chicago (2004) p.9
　シカゴ市による事業者に対する補償金（the Concession Compensation）の定義においては、補償金の金額は、事業契約書のもとで補償金の支払が求められる事態（Compensation Event）が発生した場合、そのような事態が発生しなければ、事業者が得ていたであろう経済的な地位の回復のために、①そのような事態に合理的に帰すことができるすべての損失・損害、および、②そのような事態に合理的に帰すことができる、車両等に課される料金収入（Toll Revenues）の現在・将来の現実の／予測される減少額、の合計額であると定められている。

等とともに）負担する義務を負う（上記5.2条）。

なお、拡張（Expansion）について、市において、追加の土地やその他の財産の取得が必要である場合には、市は、その裁量により、承認をしない、延期する、または、条件をつけることが可能である（上記5.2条）。

(4) 従前の従業員の扱い

> 2.5条　誓　　約[44]
> （中略）
> (i) 従業員[45]　クロージング日前に、事業者は、この契約の時点における、スカイウェイ（Skyway）の従業員で、事業者に対して雇用を希望する者については、面接を行わなければならず、事業者の雇用の所定の基準を満たす場合には、その者に対して雇用を申し出ることについて、最善の努力を行う義務がある；ただし、事業者は、そのようなスカイウェイの従業員に対して雇用を申し出る法的義務まで負うものではない。
> (j) （以下省略）

事業者は、もともとスカイウェイ（Skyway）で働いていた従業員で、事業者に対して雇用を希望する者については、クロージング日前において、面接を行い、事業者の雇用の基準を満たす場合には、その者に対して雇用を申

---

[44] City of Chicago (2004) p.31
"Section 2.5 Covenants."
[45] City of Chicago (2004) p.33
"(i) *Employees.* Prior to the Time of Closing, the Concessionaire shall use its best efforts to interview all Skyway employees as of the date hereof who apply to the Concessionaire for employment and to offer employment to such Skyway employees who meet the Concessionaire's stated requirements for employment; *provided, however,* that the Concessionaire shall have no obligation to offer employment to any such Skyway employee."

し出ることについて、最大限の努力を行う義務がある（上記2.5条(i)）。

ただし、事業者は、そうした従業員に対して雇用を申し出ることについて、法的な義務を負うものではない（上記2.5条(i)）。

(5) 利益・権利・義務の譲渡制限

事業者は、ロックアップ期間中[46]において、事業者の利益（Concessionaire Interest[47]）を第三者に対し／のために、譲渡してはならず、譲渡を許してはならない（ただし、シカゴ市の承認のもと、事業者の利益（Concessionaire Interest）の全部または一部について、貸主（Lessor）に売却され、事業者に対してリースバックされるリース契約（Lease）など、事業契約書にしたがって事業者の利益（Concessionaire Interest）に担保等が設定された場合の担保権者等は除く）(17.1条　Transfer by the Concessionaire.(a)[48])。

また、ロックアップ期間経過後においても、事業者は、①シカゴ市が譲渡先（上記担保権者等を除く）を承認し、かつ、②譲渡先が、事業者の権利を取得し、義務を引き受け、事業契約書のもとの事業者の義務・誓約のすべてを履行・保持（observe）することに同意する契約をシカゴ市との間で締結した場合でなければ、事業者の利益（Concessionaire Interest）を第三者に対し／のために、譲渡してはならず、譲渡を許してはならない（上記17.1条(a)）。

譲渡先の承認の判断にあたって、シカゴ市は、譲渡先の財政力・資本総額・同種プロジェクトの従事経験・背景／評判などの要素に基づき／を考慮して、譲渡が適用される法律によって禁止される、または、譲渡先が事業契約書のもとの事業者の義務・誓約を実施できないと合理的に判断した場合、

---

[46] City of Chicago（2004）p.18
　　ロックアップ期間とは、クロージング日から始まり、クロージング日から3年目の日に終わる3年間の期間、または、市の債務不履行が発生した日のいずれか早いほうを意味する。
[47] City of Chicago（2004）p.10
　　"Concessionaire Interest"とは、事業契約書により作出された事業者のSkywayにおける利益（interest）および事業契約書のもとでの事業者の権利・義務を意味する。
[48] City of Chicago（2004）p.97〜98

承認しないことができる（17.1条　Transfer by the Concessionaire.(b)[49]）。

(6) 不可抗力

不可抗力（Force Majeure）とは、事業者の合理的な制御を超える事由で、事業契約書のもとでの事業者の義務の履行を遅延させ、または、中断させる事由を意味する（ただし、事業者の過失・違法行為による場合等は除く）（1.1条 Definitions.[50]）。

不可抗力事由の発生により、①スカイウェイの物理的損傷・破壊を引き起こす効果があり、その結果、スカイウェイ・トール・ブリッジのハイウェイ目的での利用ができなくなる場合、または、②スカイウェイ・トール・ブリッジにおける料金徴収を停止させる効果がある場合、そうした効果が120日間をこえて継続し、事業者の利益（Concessionaire Interest）の公正な市場価値に対する重大な悪影響があり、かつ、そのような事由がなければ、事業者が得ていたであろう経済的地位を回復するためには保険等が不十分であるときは、事業者は、事業者を補償し、その不可抗力事由が発生しなければ得ていたであろう事業者の経済的地位を回復するために十分なレベルまで、料金を増額し、または、契約期間を延長する権利を有する（この救済手段を不可抗力救済手段（Force Majeure Remedy）という。15.2条 Force Majeure. (a)[51]）。

この不可抗力救済手段（Force Majeure Remedy）の権利の行使を選択する場合、事業者は、シカゴ市に対し、不可抗力救済手段（Force Majeure Remedy）の権利の発生を認識してから30日以内に、①不可抗力事由・その効果の詳細、②補償を求める金額、および、③補償と救済手段との関係の詳細を通知する（上記15.2条(b)）。

シカゴ市は、事業者から上記通知を受領した場合、事業者に対し、裏付け

49　City of Chicago（2004）p.98
50　City of Chicago（2004）p.13〜14
51　City of Chicago（2004）p.86〜87

となる事項・詳細の提供を求めることができ、不可抗力事由の発生または不可抗力救済手段（Force Majeure Remedy）について争うことを望む場合、上記通知を受領してから30日以内に、争う根拠を記載した通知を送付する必要がある（上記15.2条(b)）。

　事業者がシカゴ市の上記通知を受領してから30日以内に、事業者の通知もシカゴ市の通知も取り下げられない場合、事業契約書の定める紛争処理手続に従って解決されることになる（上記15.2条(b)）。

(7)　契約終了時の施設状態・引継事項等に関する条項

　事業契約の終了にあたっては、次のような条項が定められている（16.4条 Consequences of Termination or Reversion.[52]）。

① 　事業者は、シカゴ市に対し、スカイウェイ、スカイウェイ資産（Skyway Assets）、スカイウェイに所在する／スカイウェイの運営等（Skyway Operations）に関連して使用される有形・無形の動産等を、Operating Standardsに従い、順調に作動する状態・条件であり、かつ、修理されていると合理的に判断される状態で、完全に引き渡す義務を負う（16.4条(i)）。

② 　契約終了日の翌日（Reversion Date）、シカゴ市は、スカイウェイの運営等（Skyway Operations）についてすべての責任を引き受け、事業者は、その日以降のスカイウェイの運営等（Skyway Operations）についてなんら責任を負わない（16.4条(iii)）。

③ 　事業者は、契約終了日の翌日までに（ただし同日を含まない）発生した、事業契約書のもとで責任のある費用等のすべてについて責任を負い、シカゴ市は、契約終了日の翌日以降にスカイウェイの運営等（Skyway Operations）に関連して発生する費用等のすべてについて責任を負う（16.4条(iv)）。

④ 　事業者が保有するスカイウェイの建設に関連する設計図・図面・仕様・モデル、および、竣工図・現況図（"as-built" drawings）は、シカゴ市の唯

---

[52] City of Chicago (2004) p.95〜97

一・絶対の財産となり、事業者は、シカゴ市に対して、すみやかに、それらを引き渡さなければならない（16.4条(vi)）。

⑤　事業者は、その唯一の費用負担において、直ちに、事業者が保有するスカイウェイ収入（Skyway Revenues）に関連するすべての記録・文書の写し、および、シカゴ市が合理的に要求する、スカイウェイに関連するその他の存在する記録・情報を引き渡さなければならない（16.4条(vii)）。

⑥　事業者は、スカイウェイの制御・運営・維持管理・更新・料金徴収の整然とした／混乱のない意向を確かにするためにシカゴ市が要求する方法・態様で、シカゴ市を援助しなければならない（16.4条(ix)）。

第 5 章

公共施設等運営権と
ファイナンス

第1節 公共施設等運営権とファイナンスの関係

　運営権の対価支払方法について種々の形態がありうることはすでに述べたとおりであるが、典型例の一つである、運営権設定時に対価を一括して支払う方式の場合には、当該支払に必要な資金を外部からファイナンスを受けて調達することが考えられる。

　外部からの資金調達方法には種々ありうるものの、そのなかでプロジェクト・ファイナンスによる調達はもっとも典型的なものとして活用されるものと推測される。

　わが国においてプロジェクト・ファイナンスの法的な定義があるわけではないが、本書では、プロジェクト・ファイナンスとは、プロジェクトから生み出されるキャッシュフローを返済財源として、プロジェクトへの利用に資金使途を限定して、プロジェクトを行うことを目的とする会社に対して行われる融資と定義する（詳細については、法務と実務286頁以下参照）。

　わが国のPFIの多くにおいては、上記の定義のようなかたちのプロジェクト・ファイナンスによって資金調達を行い、事業を実施してきている。

　公共施設等運営権もPFI法に基づく制度であり、多くの場合、運営権事業の実施のみを目的とするSPCを設立して、資金調達を行うものと推測される。その場合、運営権事業から生み出されるキャッシュフローが唯一の返済原資となるものと考えられ、担保対象も運営権そのものや運営権事業において利用する物、事業上の債権等が主要なものと考えられる。したがって、公共施設等運営権事業においても、多くの場合、プロジェクト・ファイナンスを利用することになると思われる。

　公共施設等運営権事業において用いられるプロジェクト・ファイナンスも基本的な形式は従来のPFIで実施されてきたプロジェクト・ファイナンスと同様のものになると考えられる。

　もっとも、公共施設等運営権では、前述のとおり、運営権が物権化され、

その登録が法制化されるという大きな特色がある。

　また、公共施設等運営権は、典型的には独立採算型となる。従来のPFIでは、サービス購入型が多く、管理者である官側からのサービス対価をファイナンスの返済原資とすることが主流であったが、独立採算型の場合には、官側からサービス対価が支払われることはなく、施設利用者からの利用料が主たる返済原資となることから、当然のことながら、ファイナンスの返済のために必要な利用料を確実に取得できるだけの事業計画の立案、実行が必要であり、当該計画内容が合理的であり、かつ、適切に事業が実施されることが不可欠となる。

　以下では、独立採算型PFIや混合型PFIにおけるプロジェクト・ファイナンスの留意点について若干の検討を行うこととする。

第2節　独立採算型PFI／混合型PFIにおけるプロジェクト・ファイナンスの留意点

　従来のわが国におけるPFI事例において、PFI事業が破綻したと評価されているのは、タラソ福岡、近江八幡市民病院、イタリア村の三つがあげられる。

　このうち、タラソ福岡は、混合型であったがPFI事業契約を締結したSPCが特別清算手続に移行、イタリア村では独立採算型であったがSPCが破産手続に移行、近江八幡市民病院は混合型であったが事業契約の解除に至った。

　以下では、各案件の特色等について若干の復習をしたうえで、公共施設等運営権において想定される独立採算型／混合型におけるプロジェクト・ファイナンスの留意点を検討してみたい。

1　タラソ福岡

　タラソ福岡とは、市のごみ焼却処理施設「臨海工場」によるごみ焼却に伴って発生する熱エネルギーによる発電によって得られる電力を有効に活用し、温海水を利用するタラソテラピー、運動施設、地域コミュニティの交流促進等の機能を備えた施設であり、福岡市はこれをPFIによって民間事業者（SPC）に1年で整備させ、その後15年間、運営・維持管理をさせることを目的として事業契約を締結した。なお、福岡市は、以前にPFI事業の経験がなかった。

　PFIの形態はBOT方式であり、SPCの維持管理・運営業務に関する収入は、①利用者が支払う料金、および②年間7,520万円（税抜き）の維持管理・運営業務に係るサービス提供料とされていた（混合型）。

　タラソ福岡は、平成14年4月に、施設供用開始をしたが、事業提案時に想定していた利用者数見込みが24.7万人であったのに対して、初年度の利用者数は10.9万人と目標の半分にも到達せず、総売上額も事業提案時の見込みが

4.4億円であったのに対して初年度の実際の総売上額は2.1億円と大きく下回り、約6,000万円の損失を計上するに至った。

SPCの申出により、同社の経営改善のため施設のリニューアルが行われたものの、抜本的な収支改善はなされず、次年度（平成16年3月期）も利用者数は13.3万人、総売上額2.2億円にとどまり、1億円以上の損失を計上した。

その直後の平成16年4月にはSPCの最大株主でありグループの代表企業である大木建設が民事再生手続開始となり、同社からの支援を受けられなくなったため、SPCは平成16年9月の取締役会をもって同年11月30日での施設閉鎖を行った[1]。

タラソ福岡報告書によれば、タラソ福岡が破綻した原因として、次のような点をあげているように見受けられる（以下はタラソ福岡報告書を参考に筆者がとりまとめたもの）。

① 需要リスクに関する意識と審査・評価
　(i) 需要リスクの特殊性

　　　混合型であるところ、大木建設グループが福岡市の設定したサービス提供額の上限に対して大幅に低い価格での提案を行い、同グループが自ら大きな需要リスクを負うこととなったこと、次にそのような提案を行いうる環境を福岡市が設定し、実際にそれを選定するに至ったという二側面を指摘している。

　(ii) 民間事業者の需要リスクに対する意識

　　　大木建設グループが自ら過大な需要リスクを負う提案を行うとともに、福岡市からのサービス提供料を市が当初想定した金額の65％という低い価格での提案を行った、とする。

　(iii) 市の需要リスクに対する意識

　　　提案の実現可能性や継続性についての事業者のリスク処理能力とあわ

---

1 以上の経緯については、福岡市PFI事業推進委員会「タラソ福岡の経営破綻に関する調査検討報告書」（2005年5月12日）http://www8.cao.go.jp/pfi/pdf/hukuoka_hukuokashi_01.pdfを参考にした。以下、同報告書を「タラソ福岡報告書」という。

第5章　公共施設等運営権とファイナンス　187

せて客観的な審査を行う方法および基準が設定できなかった。また、提案価格を二次審査として独立させたため、提案価格を含めた事業収支計画が一次審査段階の判断資料とはならなかった。さらに、一次審査にて行う「需要計画の適切性」や「運営リスク回避方策の有効性」の評価項目も他の評価項目と相対化し、また評価項目ごとの最低基準も設けなかった。

② 公募手続の短さ……応募期間や契約交渉期間が十分でなかった。特に応募期間は2週間しかなく、公募要項を受け取った55社のうち2グループしか応募がなかった。

③ 事業者の経営破綻リスクのマネジメントの欠如……当該リスクについての認識が十分でなく、具体的、現実的な検討を行っていなかった。モニタリングの目的についても、サービス水準維持のみと認識し、財務モニタリングの役割について十分に理解していなかった。

④ プロジェクト・ファイナンスの効果・役割への認識の欠如

　プロジェクト・ファイナンスの役割に関して、PFI事業において、プロジェクト・ファイナンスの融資者は、融資者自らの利益確保のために事業の経済性や民間事業者の事業遂行能力・信用力の審査機能を果たすとともに、事業継続中のモニタリングや経営悪化時の事業介入において主導的な役割を果たすことが期待されるところ、タラソ福岡では、シニア融資団は、事業者の責に帰すべき事由により事業契約が終了する場合における「福岡市による本施設の買取価格の金額で回収可能な範囲」でしか融資を行わなかったことから、事業者の責に帰すべき事由により事業契約が終了する場合という、プロジェクト・ファイナンスにおいて融資者がとるべきいちばんのリスクが顕在化した場合でも、事業者の帰責事由により事業契約が解除されたときに施設の買取が福岡市にとって「義務」であったこととあわせると、融資が満額返済されることになり、融資者としてなんらリスクをとっていないことになるからである。これは前述のプロジェクト・ファイナンスの役割が機能する前提が欠如していた、としている。

すなわち、これはタラソ福岡の事業契約62条で下記条項が定められており、優先貸付は同条２項の算式に基づき、SPCにデフォルトが発生して契約が解除された場合でもサービス対価が支払われる限度でのみ実行されたものと推察されるが、これにより融資金融機関によるモニタリング機能が発揮されなかったことを意味している。

福岡市臨海工場余熱利用施設整備事業　事業契約約款[2]

第62条（運営開始日後の解除）
1　本件施設の運営開始後に事業者の責めに帰すべき事由により本契約が解除された場合、市は本件施設を原則として残存する運営期間を最長とする均等分割払いにより事業者から譲り受けるものとする。（以下、省略）
2　前項に従い市が本件施設を譲り受ける場合、下記の算式によって計算される金額から契約解除時の本件施設の現況に応じて市が決定する修繕費に相当する合理的な金額を控除して得た金額をその代金とする。なお、市が事業者から本件施設を譲り受ける場合、市は事業者に対して、別途債務不履行に基づく損害賠償（本条第３項に規定する原状（更地）回復に要する費用を含む）を請求することはできない。
（算式）
本件施設の建設費相当額×（１−0.2）×（60−n）/60

　また、一般的には、SPCのスポンサーである構成企業の一部が倒産したとしても、SPCと同企業とは別法人であり、SPCは倒産隔離され、残るスポンサー企業等によるバックアップや融資金融機関のステップ・インによってSPCの倒産は回避されることが期待されてきた。
　しかしタラソ福岡の事案においては、中心となるスポンサーであるゼネコン企業が民事再生手続を申し立てるのに伴って、SPCであるタラソ福岡も破綻したとのことである。このような背景には、融資金融機関がスポンサー倒産時においても公共側からSPCが受領できるサービス対価（違約金を控除し

---

[2]　http://www8.cao.go.jp/pfi/003_40130_130223_5_01.pdf

た残額）の範囲内でのみ優先ローンの貸付が行われたため、優先レンダーは回収不能リスクがゼロであり、ステップ・インを行って、事業を立て直すモチベーションが生じなかったとされている。この事態は、単にプロジェクト・ファイナンスのスキームを形式的に採用しただけでは、倒産リスクの管理として十分ではなく、適切な融資額の分担その他事案に応じたリスク管理の検討が必要であることを示唆しており、大変参考になる。

2　近江八幡市民病院

本件におけるPFI事業の業務は、①病院施設、備品等、医療機器および総合医療情報システムの整備、②病院本体施設維持管理、③病院運営（医療事務業務、看護補助業務、医療情報システム運営・保守管理、病院給食等）である。業務期間は30年、BOT方式であり、期間満了時には無償譲渡を受けることとされていた。また、サービス対価については、①施設等整備費および施設等整備費に係る支払利息、②維持管理費および運営費、③コンサルテーション費の3種類に大別され、約30年間にわたり支払われるとされ、維持管理費および運営費は病院運営の状況を前提に実際患者数および基礎計算指数の設定を定期的に見直し、5年に1回改定するとされていた（近江八幡市民病院整備運営事業条件規定書［改訂版］別紙1）[3]。なお、病院運営業務のうちの利便施設（売店、レストラン、フラワーショップ、理容・美容室）運営業務およびその他サービス業務については、選定事業者の独立採算業務とし、これらに係る運営費はサービスの対価には含まないとされていた（近江八幡市民病院整備運営事業募集要項［改訂版］）[4]。

近江八幡市は大林組を代表企業とするグループのSPCであるPFI近江八幡

---

[3] http://www.pfikyokai.or.jp/pfi-data/pfi-data/pfi-data/h13/020/Bosyu_ohmihachiman/bosyu_betten7.pdf
[4] http://www.pfikyokai.or.jp/pfi-data/pfi-data/pfi-data/h13/020/Bosyu_ohmihachiman/bosyu_rev0222.pdf

株式会社との間で、平成15年11月25日、事業契約を締結し、SPCは大林組による株式出資（5億円）および劣後ローンと、金融機関によるシンジケート・ローン約141億円により資金調達を行った模様である[5]。

その後、平成18年頃には開院したものの、平成20年12月には事業契約を合意解約することを決定するに至ったものである。

市とSPCとは連名で「近江八幡市民病院整備運営事業（「PFI事業」）に係るPFI事業契約の合意による解約について」と題する書面[6]を公表しており、そのなかで次のように記載している。

> 1 解約に至った背景
>
> 　PFI事業は平成15年11月にスタートしましたが、当初の病院の収支計画が現状と大きく乖離したものであったことや、診療報酬の引下げ、並びに全国的な医師及び看護師不足などの社会的諸要因等により、総合医療センターが当初に計画していた収益が達成できない状態が続いています。また、平成19年6月に制定された「地方公共団体財政健全化法」や平成19年12月に策定された「公立病院改革ガイドライン」により、市や病院の財務体質を早期に健全化することが求められているにもかかわらず、このまま無策であるならば総合医療センター、ひいては市も財政的に立ち行かなくなることが明らかになり、今般経営改善が喫緊の課題となったところです。
>
> 　このため、市及び総合医療センターとしては、PFI事業を解約して、病院事業債の発行で調達する資金をもって病院施設の整備費の残額をSPCに完済するとともに、受託企業については、原則、総合医療センターとの直接契約とすることとしたところです。これにより病院事業債

---

5 「R&I NEWS RELEASE【新規格付け】PFI近江八幡株式会社」（2004年12月27日）より。
6 http://www.pfikyokai.or.jp/pfi-data/pfi-data/pfi-data/h13/020/Bosyu_ohmihachiman/kaiyaku.pdf

の元本返済猶予期間である今後5年間で総合医療センターの経営を抜本的に見直すことができると判断いたしました。

3　合意解約の概要

市及び総合医療センターは、PFI事業契約の合意解約にともない、施設等整備費の残額約118億円をSPCに支払い、SPCから病院施設の所有権の移転を受けます。また、SPC、金融団及び受託企業各社に総額で20億円の損失補償金を支払います。但し、市が資金負担平準化のためにPFI事業契約に基づいて既にSPCに支払済みの未実施大規模修繕費約4億円があるため、市が新たに負担する資金は約16億円であります。

市が新たに負担する約16億円の損失補償金の支払い先は、SPCと受託企業で約8億円、金融団で約8億円となりました。

上記によれば、当初の病院の収支計画が現状と大きく乖離したものであったことがPFI事業の解約に至る主要な原因の一つであることが読み取れる。

この点について合意解約前に近江八幡市が検討を委託した「近江八幡市立総合医療センターのあり方検討委員会」は平成20年1月に「近江八幡市立総合医療センターのあり方に関する提言」を公表しているが[7]、同提言では、経営破綻に関して次のような指摘をしている。

「総合医療センターの経営上最大の問題点は、経営上の実際の資金が枯渇していることにあるといえる。平成19年度末の見込みでは、資金不足により約8億円の借金（一時借入金）が発生する見込みであり、このような借金は市民病院の開院以来ほとんど起こらなかった事態である。現在資金が不足している原因としては、当初平成19年度に予定していた旧病院跡地の売却が先送りになり、あてにしていた収入が発生しなかったことと、これまで病院経営は黒字でありながら地方公営企業の理念に沿った市の一般会計からの繰入

---

[7]　近江八幡市HP

金が過少であり、病院の新築に耐えうるだけの十分な内部留保を行ってこなかったことの影響が大きいが、最大の理由としては、そもそも当初計画していた収入と支出の金額がそれぞれ相当高い水準であったにも関わらず、収入が見込みほど確保できずに、支出だけが予定通りしっかりと発生してしまったという点が挙げられる。そしてこの「収入より多い支出」という関係はこのまま何の対策も採らなければ、今後継続的に想定される状況でもある。」

3 イタリア村

　物流の中心的役割を果たしていたころの旧倉庫群が残存する地区を、物流の場から県民・市民が港や海とふれあうための場へと転換を図ることを目的として、再開発整備を行ったものである。名古屋港湾管理組合（以下「名管」という）は「現存する倉庫を残して有効活用」することを基本方針として、その耐震補強などを含む公共事業をPFIで実現することを計画、SPCの独立採算とすること、賑わいの場を創出することを条件としている。

　園路・広場はBTO（Build Transfer Operate）、倉庫の改修はROT（Rehabilitate Operate Transfer）、立体駐車場はBOT（Build Operate Transfer）とし、さらに、SPCは親会社（セラヴィリゾート）に倉庫3棟の商業施設の運営（PFI附帯事業）を業務委託し、同社がさらにテナントに貸付を行って賃料収入を得るものとされており、詳細は必ずしも明らかではないが、PFI事業者は、立体駐車場の利用料金と既存倉庫の部分貸付（リーシング）料金により、全施設の建設・整備、維持管理・運営コストをまかない、さらに土地等の賃借料（年間8,000万円）を支払い、既存倉庫の部分貸付部分（PFI附帯事業）はPFI事業とは別会計とし、通常のPFIと異なり、資金調達はSPCの親会社であるセラヴィリゾートの資産を担保として融資を受けた模様である[8]。

　その後、平成17年4月にイタリア村がオープンしたものの、平成19年9月

---

[8] http://www.uit.gr.jp/ifud_prize/project2.htm

には管理者である名管がSPCに経営改善要求を行い、翌平成20年5月にはSPCの親会社であるセラヴィリゾートが会社更生手続開始申立てを行うとともに、SPCが破産手続開始申立てを行って破産し、同年7月、名管はPFI事業の継続断念を発表した[9]。その後、同年9月頃には、違法建築であった14棟のうち11棟を取り壊すこととし、残る3棟は施設内で結婚式場の営業を続ける業者に破産管財人が営業譲渡するなどして処理した模様である[10]。

　本件では、立上げ当初こそ入場者数は順調に推移したものの、その後の入場者数は減少し、親会社の支援を受けてしのいでいたが、親会社が経営状態悪化を理由に、イタリア村についてスポンサー企業を選定してスポンサーのもとで再建を目指していることが表面化し、親会社グループからの資金調達が困難となるなか、親会社が会社更生手続開始を申し立てたことにより、自力での事業継続を断念するに至ったとのことである[11]。

4　まとめ

　以上の破綻した事例をみると、いずれも施設完成後の運営期間における破綻であり、その要因として、事業計画の見通し、モニタリングの甘さ、株主の経営状況の悪化との連動の問題など、いくつかの共通点が認められる。これらは独立採算型または独立採算とサービス対価の混合型を採用することになる公共施設等運営事業においても同様の問題が生じる可能性があり、非常に参考になるものと思われる。そこで、今後、公共施設等運営事業において、プロジェクト・ファイナンスを行うにあたっての留意点を次のとおりいくつか指摘してみる。

9　毎日新聞中部朝刊（2008年7月25日）
10　毎日新聞中部朝刊（2008年9月26日）
11　東京商工リサーチ企業信用情報（2008年5月9日）

(1) 事業計画の分析とモニタリング

　破綻した3事例はいずれも当初の事業計画と実際の集客状況、売上げ等の財務状況の差が大きく、破綻の主因となったものである。基本的に施設利用客の利用料金収入をもって事業を運営する公共施設等運営事業においては、事業計画の見通しの甘さは破綻に直結することになる。

　他方、PFIの入札・公募においては、民間事業者は自ら提出する事業提案内容に拘束され、当該提案内容は公共施設等運営権実施契約において契約内容を構成することになる。そのため、提案後にその内容が実態に合致しないとして修正を官側に求めるのは困難となる。

　したがって、レンダー側としては、事業者提案の一内容として作成される事業計画の内容が自身の拠出する資金の回収可能性に直結することを再確認し、事業計画の策定プロセス自体に直接、具体的に関与し、必要に応じて修正を求める等の作業を行うことが欠かせないのではないかと考えられる。

　また、運営権実施契約締結後は、事業計画どおりに事業が実施されているか、なかでも財務状況の健全性が保たれているかについて、従来のPFI事業以上に厳格なモニタリングを行う必要があるものと考えられる。

　この点、従前はタラソ福岡の事例のように、民間事業者側の帰責事由が発生し、契約解除されたり、契約が継続しても違約金をとられるといった事態になっても、確実に回収できる範囲でしか金融機関によるファイナンスは行われず、その余のリスク部分については、民間事業者グループによる出資や劣後融資でカバーされることが多かった。

　しかし、基本的には施設利用者の利用料金がファイナンス回収の原資となる公共施設等運営事業においては、レンダー側も施設需要リスクを負担せざるをえないのであり、当該リスクの現実化を最小限に防ぐための大前提として、事業計画内容の精査および計画実施段階でのモニタリングの徹底が不可欠である。

(2) SPCとその構成企業との倒産隔離

　タラソ福岡およびイタリア村の事例では、いずれも、最大株主である代表企業の支援によりSPCを維持していたものの、最終的には、代表企業の破綻に伴いSPCも法的倒産手続に移行した模様である。

　しかし、もともとプロジェクト・ファイナンスは、SPCの構成企業が破綻した場合であっても、レンダー等のステップ・インにより、構成企業とは切り離されて、新たな構成企業のもとで事業が継続されることが想定されているはずであり（法務と実務300頁）、代表企業と連動して法的倒産に移行したことは残念である。

　この点に関しては、まずは構成企業と官側との基本協定において、倒産手続申立制限条項を定める等して、構成企業の法的倒産手続と直結してのSPCの法的倒産手続を制限する必要がある。すなわち、仮に構成企業、特に代表企業が法的倒産手続開始申立てを行うのが避けられない事態であったとしても、PFI事業のみを実施しているSPCについては法的倒産手続を行ってもプロジェクト・ファイナンスのレンダーをはじめとする債権者はほとんど回収を見込めず、その回収を極大化するためにはPFI事業を継続したまま、別の企業グループに承継する必要がある。しかし、構成企業、特に代表企業は、SPCに一定の劣後融資を行っている場合もあり、債権者としてSPCに対して破産・民事再生・会社更生等の各種法的倒産手続開始の申立てを行うことができる場合が多く、また、構成企業はSPCに取締役を派遣していることが多く、取締役はSPCに対して、準自己破産の申立てを行うことが可能であり、これらによりたとえば、破産手続開始の申立てがなされてしまうと、裁判所としては破産原因としての債務超過等の要件が備わっていれば、破産手続開始を行わざるをえない状況となる。

　しかし前記のとおり、PFI事業においてはSPCの破産は債権の回収という観点からは最低限の回収しか見込めない場合が多いと思われる。そこで、構成企業と官側との基本協定やレンダーと官側との直接協定等において、構成

企業やSPCの取締役、レンダー等に対して、構成企業や代表企業が破綻状況にある場合等においても、SPCについては官側やレンダー側との間で事業承継について一定の協議を行うことを義務づけ、かかる協議を経ないで破産手続開始申立てを行うことを制限する条項を設けることを検討してもよいと思われる。

また、最近のPFI事業契約で見受けられるような、解除事由発生時において、官側の求める場合には株式の移転等によるSPCの構成企業の構成等の変更を求める条項を設けることも、構成企業に連動しての法的倒産を回避するための一つの方策となりうるものと考えられる。

(3) 分離一体型等の適切なスキームの検討

必ずしも高い採算が確実に見込まれるとはいえない案件について、単純に維持管理運営事業の全体について独立採算型を採用した場合、その採算見通しが下振れれば、直ちに破綻に追い込まれる可能性が高まる。この点、同一の施設に関する業務であっても、民間による創意工夫が必ずしも発揮できない業務と、民間の創意工夫や資金投入によって十分な改善が図れ採算性が期待できる業務とがある場合も多いと思われる。

全体として独立採算型を採用するのがむずかしい場合であっても、一部について民間に委ねることによる改善が見込まれる場合は、業務をいったん分離し、採算性の改善のむずかしい業務については、従来型の業務委託の手法により民間事業者に確実な報酬を支払う一方で、改善の見込まれる業務については、民間事業者の資金力や業務上の創意工夫を発揮させることにより、住民サービスの向上や自治体の収支の改善が期待される（このような分離一体型については、第1章第2節および第4章第2節のヌエックの案件を参照）。

今後は、このような分離一体型などの手法についても検討を行い、採算のとれる業務とそうではない業務との確実な見極めが重要になる。

第 6 章

第三セクター等の事業再建への公共施設等運営権制度の活用

第1節 はじめに

　本章では、第三セクター、公営企業、公社等（以下あわせて「第三セクター等」という）の事業再生のために、公共施設等運営権の活用を提言する。

　特定の施設の運営を目的としている第三セクターの事業が低迷している場合、特に金融機関から第三セクター等が借入れを行うに際して地方自治体が損失補償を行っている場合、当該事業再建にあたって当該損失補償の処理が重要な課題となる。

　以前より第三セクター等の事業再生のためにPFI・PPPを活用することの有効性については議論・推奨されてきているが、いまだPFIを活用して事業再生を果たしたという具体例は公表されていないように見受けられる。

　従前の第三セクター等の事業再生局面では、事例ごとに処理方法が検討され、具体的には、外部スポンサーの支援を受け、または事業を譲渡する等して、事業再生が行われてきたケースもあれば、自主再建を維持しつつ借入れの返済を行うケースもあった。

　この点、PFI、なかでも公共施設等運営権制度は、民間のノウハウ、資金等を適切・効率的に活用する優れた制度であり、地方自治体として住民のためになお維持する必要のある施設を利用する事業について再建を果たすうえで当該制度を積極的に活用することで、第三セクター等の事業再生が促進できるものと考えられる。

　以下では第2節で従来の第三セクター等の処理の状況を概観したうえで、第3節において、公共施設等運営権制度を用いた第三セクター等の処理方法について検討してみる。

第2節 従来の第三セクター等の処理

1 従来の処理方法

　従来、第三セクター等が窮境状態に陥った場合の処理としては、事業自体に採算性が認められる場合には、民事再生、会社更生、私的整理などの事業再生スキームを活用し、採算性が認められない場合には、特別清算や破産といった法的清算手続を行うことが多かったと思われる。

　ところで地方自治体が第三セクター等に対して支援を行う形態については、出資、補助金の支給、無利子・低金利融資のほか、第三セクターが金融機関から借入れを行う際の損失補償がある。

　出資、補助金の支給、融資等は、いずれもそれらの金額の範囲で回収可能性の問題が残るだけであり、いわば自らの回収可能性の問題にとどまるのに対して、損失補償の場合には、地方自治体が融資金融機関に対して直接、補償債務を負担していることから、新たな資金手当が必要となるのであり、損失補償をしている第三セクター等の事業再生はハードルが高い。

　そのなかで、近時、第三セクター等改革推進債（以下「三セク債」という）と事業再生ADR手続を活用して、損失補償を処理しつつ、事業再建を果たした事例が複数存することは注目に値する。

　公共施設等運営権制度を第三セクターの事業再生に活用する際にも、参考になると思われることから、以下である事例を紹介する。

2　ひたちなか市住宅・都市サービス公社

(1)　ひたちなか市住宅・都市サービス公社の事業内容、経過

　ひたちなか市住宅・都市サービス公社（以下「公社」という）は、昭和40年に設立された財団法人勝田市住宅公社を前身とし、ひたちなか市の市街地整備政策に関連して、住宅地の計画的供給のための土地の取得、造成、管理、処分および販売等を行ってきたものであり、市の方針に基づき、低廉良質な宅地を供給するため、必要な資金を金融機関から借り入れて調達することとし、市は議会の議決を経て、当該借入れが金融機関に損失を与えることとなった場合には補償する契約を結んだ。

　平成22年度末時点で公社が保有していた土地は、昭和43年2月から市の依頼に基づき取得したもので、主に販売に供するものとして、西古内土地区画整理事業地区内において、事業を円滑に進めるための計画に従い平成14年3月まで同事業の保留地等を取得し、これらを造成、販売することで収入を得ていたが、土地需要の低迷および長期にわたる地価の下落により、所有する土地を計画どおり処分できなかったことから、平成16年度より債務超過に陥った。特に西古内土地区画整理事業地区内の土地については、取得価格を下回る価格での販売を継続せざるをえない状況となり、公社の経営に大きな打撃を与えた。その後も、地価の下落に歯止めがかかることはなく、平成22年度決算では、金融機関からの借入金残高は約32億円にのぼり、約16億5,000万円の債務超過となった。さらに、平成22年度末に実施した商品土地の不動産鑑定評価により、債務超過は約23億5,000万円であることが明らかになった。

(2)　存廃の検討経緯

　平成20年12月に公益法人制度改革関連3法が施行されたことにより、それ

までの公益法人は、平成25年11月末日までに新法人（一般財団法人または公益財団法人）へ移行しなければならなくなり、移行認可を受けなかった場合には自動的に解散となることとされた。また、地方公共団体の財政の健全化に関する法律の全面施行に伴い、国よりすべての第三セクターを対象として必要な検討を行い、存廃を含めた抜本的な改革を集中的に行うべきである旨が通知された。このため市では、平成23年4月に外部有識者による「ひたちなか市出資団体等経営検討委員会」（以下「経営検討委員会」という）を設置し、公社の債務解消と今後のあり方について調査検討を行った。

その結果、多くの土地区画整理事業を実施して、市街地の整備と宅地の供給を行っている本市において、公社が破産等により解散した場合には、公社の所有する土地が安価で市場に出回ることとなるため、周辺の民間が所有する宅地や近隣の土地区画整理事業地区内の保留地の価格がいっそう下落するだけでなく、これに伴う固定資産税・都市計画税の減収等により、公社を存続させた場合より市民および市に与える損失が大きいおそれがあることが明らかになった。このため、経営検討委員会より、公社を再生して事業を継続させることは、市のまちづくりにとって有効であるとの提言がなされた（「ひたちなか市出資団体等経営検討委員会意見書」）[1]。

(3) 事業再生手続

市は、経営検討委員会の提言をふまえ、公社の事業を再建し、所有する商品土地の販売を継続する方針を定めた。再建の手法としては、比較的早期に手続が完了し、かつ手続中においても不動産取引業務を継続できる「事業再生ADR」を選択した。また、公社が抱える債務については、市の一般財源を一時に投入して解消することは不可能であり、平準化して整理する必要があるため、国が制度化した第三セクター等改革推進債を活用し、市が金融機関に対し損失補償を履行することとした。

---

[1] http://www.city.hitachinaka.ibaraki.jp/uploaded/attachment/12431.pdf

事業再生ADRは、市と公社が作成した事業再生計画案について、国の定める唯一の認証機関である事業再生実務家協会より、その実現可能性について確認を受け、平成24年2月24日に公社に対する債権者（金融機関）の同意を得たことで成立した。

　市は、当該事業再生計画に基づいて、公社が所有する販売を目的としない公共用地を合計約2億9,600万円で取得し、公社はこの売却代金をもって各債権者に対し債務の一部を弁済した。弁済後の借入金残高約29億円については、金融機関と市の間の損失補償契約に基づく損失額と認定し、市が第三セクター等改革推進債により資金を調達して、金融機関に対して損失補償を履行した。その際、市は金融機関より、公社に対して有する貸付債権全額の無償譲渡を受けたため、市が新たに公社の債権者となった[2]。

　現在、公社は平成24年4月1日より一般財団法人へ移行するための手続を行っている。公益法人制度改革関連法の定めにより、一般財団法人として存続するためには、決算期において資産総額が負債総額を300万円以上上回る状態を維持しなければならないため、市が債権を放棄することにより公社の債務超過を解消する必要がある。このため市は、市議会の平成24年9月定例会において、公社に対する債権の一部を放棄する議案を上程し、議会の議決を経て、平成24年10月1日をもって公社に対する債権約29億円のうち約25億円を放棄した。これにより、商品土地の時価総額約3億3,000万円を含む資産合計約4億6,400万円に対し、負債の合計が約4億700万円となり、公社の債務超過は解消された[3]。

2　事業再生計画の詳細については、http://www.city.hitachinaka.ibaraki.jp/uploaded/attachment/12432.pdf
3　以上については、ひたちなか市HP。

第3節 第三セクター等の処理への公共施設等運営権制度の活用

　第2節でみた、ひたちなか市住宅・都市サービス公社の事例においては、事業再生ADRという私的整理手続の枠組みを利用して、損失補償を行っていた市が融資金融機関に対して補償を履行し、当該金融機関の公社に対する債権の無償譲渡を受けたうえで、公社存続の前提条件となる資産超過の達成のために必要な限度で債権放棄を行い、残る債権については公社を存続させ事業を継続するなかでの回収を目指すスキームであった。

　仮に公社や事業を破産等の清算手続により処理した場合には、公社の所有する土地について破産管財人等による早期売却処分が行われる結果、実際の財産価値より大幅に値引きした価格での処分がなされ、これによって周辺地価の下落を招くとともに他土地区画整理事業地区の保留地価格にも影響を及ぼすことが考えられたし、市の固定資産税収入にも影響が及ぶことが考えられた。

　さらに、土地区画整理事業を宅地開発施策の中心として長年にわたり実施してきた市に対する市民の信頼が大きく損なわれた可能性がある[4]。これらの悪影響を回避するために再建型スキーム、なかでも非公開型の制度化された私的整理手続であり、信用棄損の度合いを最低限に抑えることが可能な事業再生ADRを活用したことは適切であったと評価できる。

　第三セクター等の処理はいまだ道半ばであるが、施設の管理・運営を事業目的とする第三セクター等については、上記公社の例を参考にして、次の図1～5のスキームによる再生を目指すことが考えられる。

---

[4] これら清算等の場合のデメリットについては、多比羅誠「三セク債と事業再生ADRによる損失補償の処理と事業再生―ひたちなか市住宅・都市サービス公社のスキーム―」事業再生と債権管理№137・39頁以下による。

図1　財務状況が悪化し窮境状態に陥った第三セクター等が公共の用に供する施設を所有しており、地方自治体が融資金融機関に損失補償を行っている場合

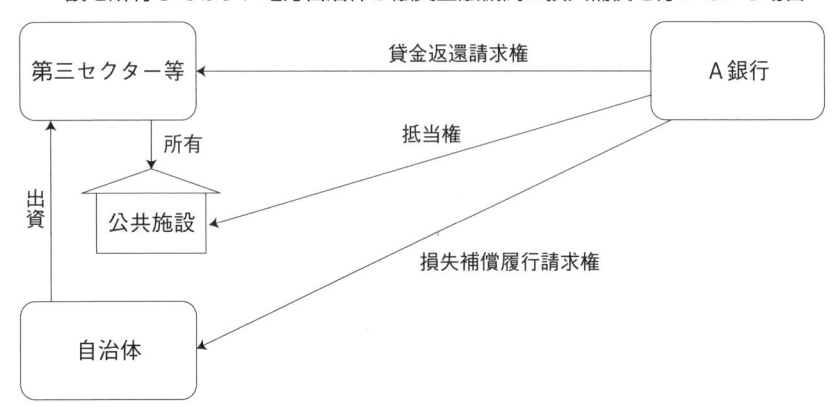

図2　当該損失補償を解消するために必要な資金について、自治体の自己資金および起債や借入れ等の外部調達資金をもって、損失補償履行を行ってA銀行が第三セクターに対して有していた貸金返還請求権の無償譲渡を受ける。そのうえで、当該施設および第三セクター等に対する当該貸金返還請求権には、自治体への貸付先等への担保に供する

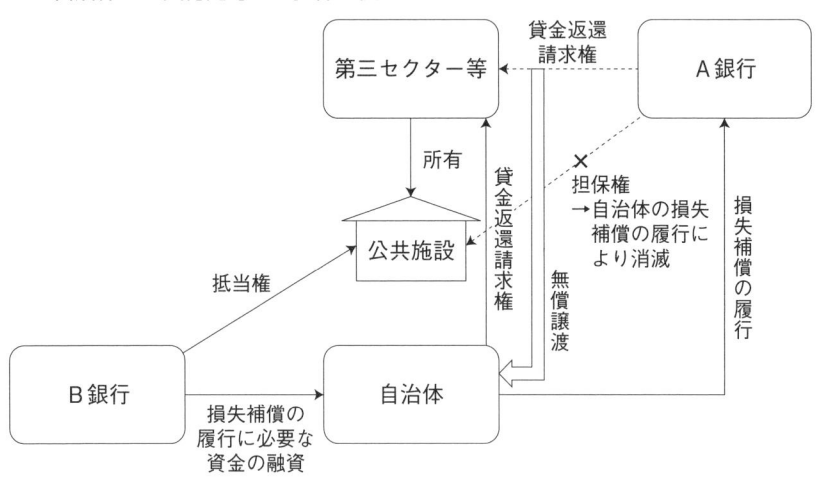

図3　自治体は第三セクター等が所有していた施設を、自治体の第三セクター等に対する貸金返還請求権の代物弁済の全部または一部として取得する

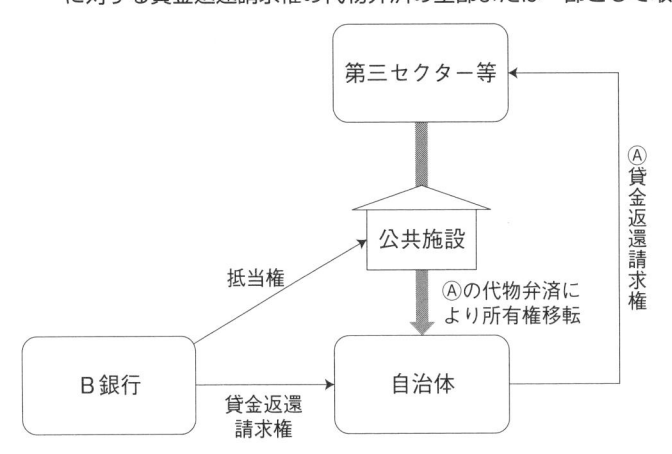

図4　自治体は当該施設の事業の運営等を行う事業者を公募し、運営権者が決定したら運営権者から支払われる運営権対価をもって外部調達資金への返済の一部にあてる。当該運営権対価をもって外部調達資金の全額を返済できない分については、別途調達により返済をする必要がある

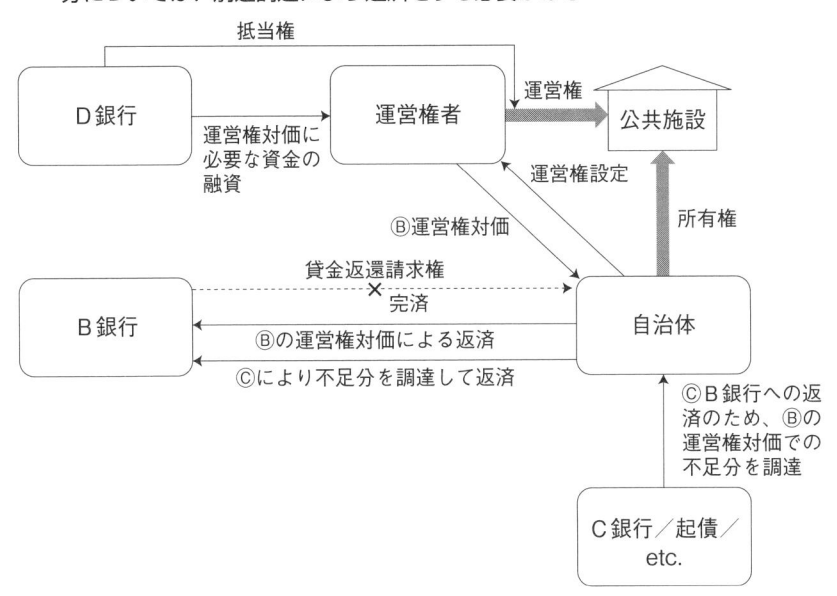

第6章　第三セクター等の事業再建への公共施設等運営権制度の活用　207

図5 運営権者は当該運営権対価をプロジェクト・ファイナンスによって調達し、運営によって得られる利用料金（および分離一体方式の場合には、自治体から支払われる維持管理業務等に対するサービス対価）によって返済を行う

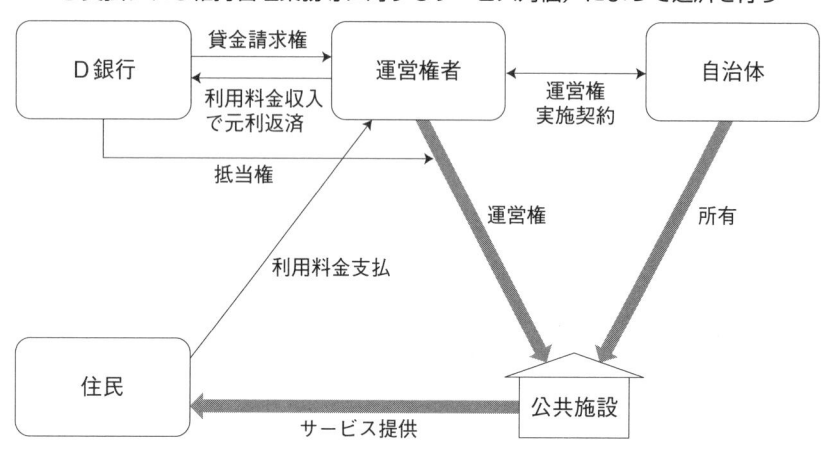

　このようなスキームを採用することにより、施設を第三セクター等から切り離して民間の専門ノウハウを導入した最適な運営に移行することが可能となるほか、市としては運営権者を公募することにより適切な運営権対価を取得することができ、これをもって損失補償履行に要した資金の全部または一部の回収が可能となるから、市の負担はゼロにはならないにしても、数あるスキームのなかでも最小化することが可能になるものと考えられる。
　もっとも、ここで懸念されるのは、「これまで採算がとれずにいた施設について、運営権者を応募しても、運営権対価を支払うだけの採算を確保できる見通しをもった応募者は現れないのではないか」という点である。
　ここで分離一体型スキームの活用を提言したい（分離一体型スキームについては、第1章第2節6および第4章第2節参照）。
　すなわち、第三セクター等がこれまで運営してきたものの、採算がとれずに赤字を継続してきた施設の維持管理・運営業務の全部について、完全な独立採算型で運営権者に委ねようとすると、当該施設の内容・事情によるものの、運営権対価の支払をしてもさらに利益を得られるだけの利用料金収入を

取得できるような施設は多くはないと考えられ、応募者が集まらないということも想定される。

　このような場合には、公共施設の維持管理運営事業を、①民間のノウハウ、資金の投入により、採算を確保できる可能性のある事業、②採算を確保する見通しの立たない事業に分離し、①については公共施設等運営権の設定を行うこととし、②については従来型の業務委託、従来型PFIまたは指定管理者制度等を活用し、こちらの事業については、地方自治体から民間事業者に対して業務委託報酬（サービス対価）を支払うこととしたうえで、①②の各事業を全体として引き受ける民間事業者グループの公募を行うという分離一体型スキームを採用するのが合理的である。

　このような分離一体型スキームによれば、従来は全体として採算が見込めずにいた第三セクター等の施設についても、これを分離して、採算の見込める事業のみを改めて独立採算型として民間ノウハウや資金の投入により再生を果たす可能性が生じ、この部分については従前の損失補償履行のための資金を運営権対価によりまかなうことができ、自治体としての負担をゼロにはできないとしても最小化することが可能になる。

　なお、上記公社の例では三セク債が活用されたものの、三セク債は時限立法措置であったため、現在は期限切れで活用できない。しかし、第三セクター等の再生はまだ道半ばであることからすれば、PFI等の活用による第三セクターの再生をさらに推し進めるため、類似の起債が可能となるような立法措置がなされることを期待したい。

事項索引

【英字】
BOO······93,104
BTO······93,104
Force Majeure Remedy······102
PFI推進委員会······29
RO······94,105

【う】
運営権対価······92,114
運営権の譲渡······70
運営権の対価······62
運営権の取消し······73,92

【か】
瑕疵担保責任······92,120
関西国際空港及び大阪国際空港の一体的かつ効率的な設置及び管理に関する法律······153

【け】
契約の解除······92

【こ】
公共施設等運営権実施契約······90
公物管理法······34
混合型······32
混合型事業スキーム······11

【さ】
三セク債······201

【し】
事業継続措置······100,103
事業再生ADR······203
指定管理者······14
指定管理者制度······41
需要リスク······111

【そ】
増改築······24,92

【た】
第三セクター······200
第三セクター等改革推進債······201

【て】
抵当権······67

【と】
登録······77
特定法令等変更······107
独立採算型······104

【ふ】
不可抗力······92
不可抗力救済手段······102
プロフィット・シェアリング······114
分離・一体型事業スキーム······12

【ほ】
法令変更······92,104

保険……………………………………98
補償……………………………………73

【み】
みなし物権……………………………31
民間の能力を活用した国管理空
　港等の運営等に関する基本方
　針……………………………………147

民間の能力を活用した国管理空
　港等の運営等に関する法律………147

【り】
リスク分担……………………………89

公共施設等運営権

平成27年10月21日　第1刷発行

編著者	植　田　和　男	
	内　藤　　　滋	
著　者	六　角　麻　由	
	増　田　智　彦	
	木　田　翔一郎	
発行者	小　田　　　徹	
印刷所	三松堂印刷株式会社	

〒160-8520　東京都新宿区南元町19
発　行　所　一般社団法人 金融財政事情研究会
　　　　　編集部　TEL 03(3355)2251　FAX 03(3357)7416
販　　　売　株式会社きんざい
　　　　　販売受付　TEL 03(3358)2891　FAX 03(3358)0037
　　　　　URL http://www.kinzai.jp/

・本書の内容の一部あるいは全部を無断で複写・複製・転訳載すること、および磁気または光記録媒体、コンピュータネットワーク上等へ入力することは、法律で認められた場合を除き、著作者および出版社の権利の侵害となります。
・落丁・乱丁本はお取替えいたします。定価はカバーに表示してあります。

ISBN978-4-322-12821-5